200 questions
Oral
Auxiliaire de puériculture principal territorial de 2e classe

Sandrine MARICHEZ

Ouvrage dirigé par Laurence BRUNEL

Studyrama
Réussir son avenir

Sommaire

Liste des sigles et acronymes utilisés

AEPE	Accompagnant éducatif petite enfance
APA	Allocation personnalisée d'autonomie
ASE	Aide sociale à l'enfance
AVC	Acte de la vie courante
BAFA	Brevet d'aptitude aux fonctions d'animateur
BAFD	Brevet d'aptitude aux fonctions de directeur d'accueil collectif de mineurs
BPH	Bonnes pratiques d'hygiène ou prérequis
CA	Communauté d'agglomération
CAF	Caisse d'allocations familiales
CAP	Commission administrative paritaire
CARSAT	Caisse d'assurance retraite et santé au travail
CC	Communauté de communes
CCP	Commissions consultatives paritaires ou point critique contrôle à maîtriser en matière d'hygiène sanitaire
CDAPH	Commission des droits et de l'autonomie
CEJ	Contrat enfance jeunesse
CHSCT	Comité d'hygiène, de sécurité et des conditions de travail
CMP	Commission mixte paritaire
CNFPT	Centre national de la fonction publique territoriale
CPF	Compte personnel de formation
CRIP	Cellule départementale de recueil et d'évaluation de l'information préoccupante
CST	Comité social territorial
CT	Comité technique
CTG	Convention territoriale globale
CU	Communauté urbaine
DLC	Date limite de consommation
DLUO	Date limite d'utilisation optimale
EAJE	Établissement d'accueil du jeune enfant
EPCI	Établissement public de coopération intercommunale
EPI	Équipement de protection individuelle
ERP	Établissement recevant du public
GPEC	Gestion prévisionnelle des emplois et des compétences
HACCP	*Hazard Analysis Critical Control Point* (analyse des dangers – points critiques pour leur maîtrise)

Liste des abréviations et acronymes

IMC	Indice de masse corporelle
INRS	Institut national de recherche et de sécurité
IP	Information préoccupante
LAEP	Lieu d'accueil enfants-parents
LDG	Lignes directrices de gestion
LIF	Livret individuel de formation
Loi ASAP	Loi d'accélération et de simplification de l'action publique
Loi ATR	Loi relative à l'administration territoriale de la République
Loi MAPTAM	Loi sur la modernisation de l'action publique territoriale et d'affirmation des métropoles
Loi NOTRe	Loi portant nouvelle organisation territoriale de la République
MDPH	Maison départementale des personnes handicapées
MSA	Mutualité sociale agricole
PAI	Projet d'accueil individualisé
PEDT	Projet éducatif de territoire
PLS	Position latérale de sécurité
PMI	Protection maternelle et infantile
PNA	Programme national de l'alimentation
PNNS	Programme national nutrition santé
PPS	Plan personnalisé de scolarisation
PSC1	Prévention et secours civiques de niveau 1
RAM	Relais assistants maternels
REAAP	Réseau d'écoute d'appui à la parentalité
RGO	Reflux gastro-œsophagien
RNCP	Répertoire national des certifications professionnelles
RSA	Revenu de solidarité active
SACEM	Société des auteurs-compositeurs et éditeurs de musique
SAMU	Service d'aide médicale d'urgence
SAN	Syndicat d'agglomération nouvelle
SDIS	Service départemental d'incendie et de secours
SIVOM	Syndicat intercommunal à vocation multiple
SIVU	Syndicat intercommunal à vocation unique
SST	Sauveteur secouriste du travail
TIAC	Toxi-infection alimentaire collective
VAE	Validation des acquis de l'expérience

Avant-propos

Cet ouvrage contient des informations visant à vous aider à vous préparer au mieux à l'épreuve orale du concours d'auxiliaire de puériculture principal territorial de 2e classe.
Son objectif est de vous apporter des conseils pratiques et un socle de connaissances de base pour mieux appréhender les questions fréquemment posées par les membres du jury.
Les candidats aux concours de cette filière peuvent en effet éprouver des difficultés à construire des réponses structurées et dynamiques.
Grâce à ces 200 questions possibles, recensées par grandes thématiques dans les différents domaines des missions des auxiliaires de puériculture, vous allez pouvoir vous entraîner de façon systématique pour réussir votre entretien. Elles sont accompagnées de leur corrigé, mais construisez votre propre réponse avant de le regarder.
S'exercer au jour le jour permet d'augmenter fortement ses chances de réussite au concours.
Alors nous vous souhaitons bon travail !

L'auteur

Introduction

1. Présentation du cadre d'emplois et des missions des auxiliaires de puériculture

Les missions

Le décret n° 92-865 du 28 août 1992 modifié, portant statut particulier du cadre d'emplois des auxiliaires de puériculture territoriaux, définit comme suit leurs missions : « *Les auxiliaires de puériculture participent à l'élaboration et au suivi du projet de vie de l'établissement. Ils prennent en charge l'enfant individuellement et en groupe, collaborent à la distribution des soins quotidiens et mènent les activités d'éveil qui contribuent au développement de l'enfant.* »
Les missions des agents peuvent varier d'une collectivité à une autre.

La carrière des auxiliaires de puériculture

Les auxiliaires de puériculture territoriaux constituent un cadre d'emplois médico-social de catégorie C au sens de l'article 13 de la loi n° 83-634 du 13 juillet 1983, soumis aux dispositions du décret n° 2016-596 du 12 mai 2016 relatif à l'organisation des carrières des fonctionnaires de catégorie C de la fonction publique territoriale.
Ce cadre d'emplois comprend les grades suivants :

- auxiliaire de puériculture principal de 2e classe ;
- auxiliaire de puériculture principal de 1re classe.

L'avancement d'échelon s'exerce, de manière continue, à l'ancienneté.

La rémunération

Les fonctionnaires territoriaux perçoivent un traitement mensuel basé sur des échelles indiciaires.
Le grade d'auxiliaire de puériculture territorial principal de 2e classe est affecté d'une échelle indiciaire allant de l'indice brut 356 à l'indice brut 486, soit depuis mai 2021 :

- 1 565,13 euros de traitement brut mensuel au 1er échelon ;
- 1 968,13 euros de traitement brut mensuel au 12e échelon.

Au traitement s'ajoutent :

- une indemnité de résidence (selon les zones, maximum 3 % du traitement brut) ;
- éventuellement, le supplément familial de traitement ainsi que certaines primes ou indemnités selon les collectivités (régime indemnitaire).

2. Présentation des concours

Le principe du concours est de garantir à tous les citoyens l'égal accès aux emplois publics. Le concours est donc une série d'épreuves destinées à sélectionner les meilleurs candidats.

Comment s'inscrire à un concours ou examen professionnel ?

Le candidat doit se renseigner auprès du centre de gestion de son département afin de connaître les dates et types de concours ou examens organisés.
Un candidat peut également s'inscrire à des concours/examens en dehors de son département.
Veillez aux points suivants :

- certains concours/examens ont lieu aux mêmes dates ;
- il est impératif de respecter les dates d'inscription. À défaut, le candidat ne pourra pas participer aux épreuves.

Conditions spécifiques au concours d'auxiliaire de puériculture

Pour chaque concours/examen, des conditions de diplôme ou d'ancienneté peuvent être exigées. Il convient donc de se renseigner pour chaque concours/examen.
Les épreuves varient également selon le concours/examen (QCM, note, rapport, entretien, questions, etc.).
S'agissant d'une profession réglementée, les candidats qui souhaitent se présenter à ce concours doivent être titulaires de l'un des diplômes suivants :

- certificat d'auxiliaire de puériculture ;
- certificat d'aptitude aux fonctions d'auxiliaire de puériculture ;
- diplôme professionnel d'auxiliaire de puériculture ;
- diplôme d'État d'auxiliaire de puériculture.

Ce concours est également ouvert aux personnes ayant satisfait, après 1971, à l'examen de passage de première en deuxième année du diplôme d'État d'infirmier ou, après 1979, du diplôme d'infirmier de secteur psychiatrique.

Inscription sur une liste d'aptitude

Le lauréat du concours est inscrit sur une liste d'aptitude pour une année. Le concours est valable deux ans, renouvelable deux fois une année, sur demande écrite du lauréat. Cela signifie que, durant la validité de son concours, le lauréat peut se présenter dans toute collectivité recrutant un agent du cadre d'emplois concerné. Il postule alors, comme pour une recherche d'emploi privé, en envoyant une lettre de motivation et un *curriculum vitae* sur les postes vacants.

> **ATTENTION**
>
> **La réussite au concours ne garantit pas l'obtention d'un poste.**

3. Présentation de l'épreuve orale

La plupart des concours comprennent une épreuve orale d'admission. Il convient donc de bien se préparer à cette épreuve.

La convocation

Le candidat reçoit, quelques jours avant l'épreuve, une convocation précisant la date, l'heure et le lieu de convocation. L'heure de convocation est une heure de convocation et non de passage (prévoir la demi-journée). Plusieurs candidats peuvent, en effet, être convoqués en même temps. Chacun devra attendre son tour avant de passer l'épreuve.

Pour bien se préparer

Il est conseillé de se préparer pour l'épreuve orale :
- en se tenant informé des évolutions du cadre réglementaire ;
- en mettant à jour ses connaissances professionnelles ;
- en lisant les notes de cadrage des centres de gestion.

Les sites incontournables

Il est conseillé d'aller régulièrement s'informer sur des sites officiels tels que :
- www.fncdg.com ;
- les sites départementaux des centres de gestion (ex. : cdg21) ;

- www.fonction-publique.gouv.fr ;
- www.servicepublic.fr ;
- les sites liés au domaine de la petite enfance.

La liste n'est pas exhaustive, mais il est conseillé de choisir des sites officiels et d'éviter les forums où les informations ne sont pas toujours fiables.

La tenue

Il est conseillé de se présenter dans une tenue confortable. Choisissez une tenue dans laquelle vous vous sentez à l'aise et non une tenue choisie pour faire bonne impression mais dans laquelle vous vous sentiriez gêné. Il faut éviter tout vêtement trop original ou décontracté, les joggings tout comme les minijupes ou grands décolletés sont à proscrire.

La composition du jury

Les membres du jury peuvent ou non se présenter au candidat.
Réglementairement, le jury est composé :

- d'élus de collectivités territoriales – communes, départements, régions, établissements publics de coopération intercommunale (EPCI), etc. ;
- de fonctionnaires territoriaux – directeur(trice) des affaires scolaires, directeur(trice) petite enfance ou enfance-jeunesse, directeur(trice) général(e) des services, etc. ;
- de personnalités qualifiées – membres de l'Éducation nationale, puéricultrice, etc.

Le candidat peut, selon les cas, être entendu par un « sous-jury » composé le plus souvent de trois personnes, voire par un « jury plénier » plus important en nombre. Le « jury plénier » comprend réglementairement trois collèges égaux (élus locaux, fonctionnaires territoriaux, personnalités qualifiées).

L'attitude vis-à-vis des membres du jury

Le candidat doit se montrer poli et ouvert à la discussion, détendu et souriant tout au long de l'épreuve. Il doit éviter les familiarités et ne pas en faire trop. Il doit rester neutre pendant l'entretien, c'est-à-dire éviter tout signe d'appartenance à une religion, à un parti politique, à un syndicat… Il lui est également conseillé de regarder l'ensemble des examinateurs en balayant régulièrement du regard chacun d'entre eux, car tous participeront à sa note. Si, par ailleurs, le candidat ne comprend pas une question qui lui est posée, il ne doit pas hésiter à le dire et demander à l'examinateur de répéter ou de reformuler sa question. Les membres du jury doivent faire preuve d'empathie. Ils ne doivent pas montrer si les réponses sont bonnes ou fausses. Certaines questions peuvent paraître difficiles, brusques

ou « pièges », mais elles ne doivent pas être prises pour des agressions. Le calme et l'argumentation sont indispensables.
Si le candidat ne sait pas répondre à une question, il doit éviter le « Je ne sais pas », formulation un peu brusque. Il doit au contraire essayer d'avancer une piste de réflexion ou de suggérer un moyen qui lui permettrait de trouver la réponse. *Ex. :* Je ne connais pas la réponse à votre question, mais je sais que je peux trouver la réponse sur le site service-public.fr.

Les attentes du jury

Les membres du jury ne recherchent pas l'agent parfait qui sera capable de répondre à toutes les questions. Ils cherchent à évaluer, tout au long de l'entretien, des qualités attendues d'un bon professionnel, sa motivation, son savoir, son savoir-faire et son savoir-être.

Gestion du temps et cohérence des propos

- Le candidat est-il capable de ne pas se perdre dans les détails, de distinguer l'essentiel de l'accessoire ?
- Le candidat est-il capable d'organiser, même sommairement, ses réponses ?

Gestion du stress

- L'installation du candidat, son comportement physique pendant l'épreuve révèlent-ils une incapacité préoccupante à maîtriser son stress ? Traduisent-ils un relâchement ou une décontraction non compatibles avec des fonctions d'animation ?
- Le candidat est-il capable de livrer ses réponses sans précipitation excessive, sans hésitation préoccupante ?
- Prend-il suffisamment de temps pour comprendre une question avant d'y répondre ?
- En difficulté sur une question, garde-t-il une confiance en lui suffisante pour la suite de l'entretien ?

Aptitudes à communiquer

- Le candidat a-t-il le souci d'être compris ?
- S'adresse-t-il à l'ensemble du sous-jury ou privilégie-t-il abusivement un seul interlocuteur ?
- Son élocution est-elle trop rapide, trop lente ?
- Des tics de langage ou des formules d'hésitation nuisent-ils à la compréhension du propos ?

Juste appréciation de la hiérarchie

- L'attitude du candidat est-elle adaptée à sa « condition » de candidat face à des examinateurs ?
- Est-il péremptoire, excessivement sûr de lui, conteste-t-il les questions posées ?
- À l'inverse, donne-t-il systématiquement raison aux examinateurs sans chercher à argumenter ?

Curiosité intellectuelle, esprit critique

- Le candidat manifeste-t-il un réel intérêt pour le monde qui l'entoure ?
- Sait-il profiter d'une question pour valoriser des connaissances pertinentes ?

Pour conclure, il faut appréhender l'épreuve orale comme un entretien d'embauche. Les examinateurs vont s'interroger sur les qualités techniques et humaines des candidats. À l'aide de cas pratiques, ils vont mesurer les attitudes des candidats. *Ex. :* Que feriez-vous face à un enfant qui pleure, qui s'est blessé au genou ? On vous demande d'organiser une activité intergénérationnelle, que proposeriez-vous ?

La gestion du temps

Afin de respecter une stricte égalité entre les candidats au concours, les membres du jury doivent accorder le même temps à chacun. Le candidat ne doit pas s'inquiéter s'il est interrompu en plein milieu d'une phrase à la fin du temps imparti.
À noter que tout candidat dispose de la totalité du temps réglementaire et que l'entretien ne peut éventuellement être interrompu qu'à sa demande expresse. Le jury s'efforcera ainsi, le cas échéant, d'aider par une attitude empathique un candidat en difficulté à continuer et ne le laissera partir avant le terme que contre une déclaration écrite de sa volonté de ne pas utiliser tout le temps qui lui est imparti.
Les membres du jury évaluent votre prestation juste après votre passage, généralement à l'aide d'une grille d'entretien conçue par le centre de gestion organisateur.

La gestion du stress

Il est normal d'être un peu tendu au début de l'épreuve : tous les candidats connaissent cette pointe de stress. Les examinateurs vont évaluer leur capacité à se maîtriser.

Le vocabulaire à employer

Il est indispensable d'utiliser un vocabulaire adapté. *Ex. :* il faut éviter d'utiliser les termes « gosses, gamins, etc. ».
Utiliser un vocabulaire adapté, c'est aussi choisir les termes adéquats en fonction des évolutions réglementaires.

4. L'entretien

Descriptif de l'épreuve

Les auxiliaires de puériculture ont une unique épreuve d'admission qui consiste en un entretien permettant d'apprécier les capacités professionnelles du candidat, ses motivations et son aptitude à exercer les missions incombant aux membres du cadre d'emplois concerné (durée : 15 minutes).

Quelques conseils

L'entretien est un moment d'échanges entre les examinateurs et le candidat. C'est pourquoi il est indispensable de bien se préparer :
- connaître ses qualités et points faibles ;
- connaître l'environnement professionnel et territorial.

Exemples de questions

Les questions posées par les examinateurs ne sont pas destinées à piéger le candidat mais à mieux le connaître, à comprendre sa motivation et sa connaissance du milieu.
On peut dire qu'il existe plusieurs types de questions :
- les questions de connaissances techniques relatives au grade du concours ;
- les questions permettant au candidat d'affirmer sa motivation, son savoir-être ;
- les questions relatives à l'environnement territorial.

Les questions de connaissances techniques relatives aux auxiliaires de puériculture

Ces questions demandent des réponses précises. Si le candidat n'a pas la réponse, il est conseillé de le dire. Idéalement, le candidat précisera où il est possible de trouver l'information s'il n'a pas la réponse précise.

- Qui est chargé de la protection de l'enfance en France ?
- Quel est le taux d'encadrement en structure petite enfance ?
- Quels sont les besoins d'un enfant de 3 à 6 mois ?
- Comment évaluer une « animation » ?

Les questions permettant d'affirmer la motivation et le savoir-être du candidat

Ces questions n'appellent pas une réponse précise. Les examinateurs souhaitent que le candidat affirme ses choix. Le positionnement du candidat doit être en adéquation avec les propos tenus pendant tout l'entretien et être adapté. Cela signifie que le candidat doit savoir se montrer déterminé, mais pas pour autant « borné ». Certaines questions ont pour but de cerner la personnalité du candidat. Ce dernier ne doit pas se laisser déborder par ses émotions ni oublier le devoir de réserve.

- Selon vous, quelles sont les qualités essentielles d'un auxiliaire de puériculture ?
- Quelles sont vos trois principales qualités ?
- Quels sont vos trois principaux défauts ?
- Quelle est votre tranche d'âge préférée ? Pourquoi ?
- Que feriez-vous face à un enfant qui présente des signes de maltraitance ?
- Comment envisagez-vous la relation hiérarchique au sein d'une structure ?
- Quel projet aimeriez-vous proposer à votre responsable ?
- Aimeriez-vous participer à une formation ? Si oui, laquelle et pourquoi ?
- Que pensez-vous de la réforme des rythmes scolaires ?
- Si vous réussissez ce concours, que pensez-vous faire ?

Les questions relatives à l'environnement territorial

Ces questions sont souvent vécues comme des questions destinées à piéger le candidat. Ce n'est pas le but. Il ne faut pas oublier que les auxiliaires de puériculture sont des agents territoriaux et qu'ils doivent connaître le fonctionnement de leur collectivité.

- Citez trois devoirs et trois obligations d'un fonctionnaire.
- Comment est élu le maire d'une commune ?
- On parle de réforme territoriale. Que pouvez-vous dire sur ce sujet ?

PARTIE I

L'environnement territorial et professionnel des auxiliaires de puériculture

65 questions

1 La connaissance des dispositifs

Les auxiliaires de puériculture doivent avoir un socle de connaissances des principaux dispositifs existants. En effet, ils évoluent dans un milieu dans lequel les réglementations et les dispositifs financiers sont nombreux.

Questions

1. En quoi consiste le contrat enfance jeunesse (CEJ) et la convention territoriale globale (CTG) ?
2. En quoi consiste le projet éducatif de territoire (PEDT) ?
3. En quoi consiste un projet éducatif ?
4. En quoi consiste un projet pédagogique ?
5. Quels sont les dispositifs financiers en faveur de la petite enfance et enfance-jeunesse ?
6. Quelles sont les missions d'un relais assistants maternels (RAM) ?
7. Quelles sont les missions de la protection maternelle et infantile (PMI) ?
8. En quoi consistent le signalement et l'information préoccupante (IP) ?
9. Qu'apporte la loi du 5 mars 2007 en matière de protection de l'enfance ?
10. Que signifie la laïcité ?
11. En quoi consiste le Réseau d'écoute d'appui à la parentalité (REAAP) ?
12. En quoi consiste un lieu d'accueil enfants-parents (LAEP) ?
13. Qu'apporte la loi du 11 février 2005 ?
14. Quelles sont les missions de la maison départementale des personnes handicapées (MDPH) ?
15. Dans quels types de structures peuvent être accueillis les jeunes enfants ?
16. Quelles sont les différences entre les structures petite enfance ?
17. Quelles sont les principales règles/caractéristiques en accueil collectif de mineurs ?
18. Quelles sont les principales règles d'encadrement dans les établissements d'accueil du jeune enfant (EAJE) ?

Réponses

1. En quoi consiste le contrat enfance jeunesse (CEJ) et la convention territoriale globale (CTG) ?

Le contrat enfance jeunesse est un contrat d'objectifs et de cofinancement signé entre la Caisse d'allocations familiales (CAF) et un partenaire (collectivité territoriale, regroupement de communes, entreprise ou administration de l'État) pour une durée de quatre ans. Sa finalité est de poursuivre et optimiser la politique de développement en matière d'accueil des moins de 18 ans. Les CEJ ont vocation à être remplacés par des CTG à compter de 2022.

La convention territoriale globale (CTG) est une démarche qui vise à :

- définir avec vous un cadre politique de développement des territoires ;
- renforcer l'efficacité, la cohérence et la coordination des actions en direction des habitants d'un territoire.

Elle se concrétise par la signature d'une convention, se substituant à terme à tous les contrats enfance jeunesse (CEJ), entre notamment la CAF et :

- les partenaires locaux (conseil départemental, MSA, CARSAT…) ;
- une commune ou une communauté de communes (l'échelon intercommunal étant privilégié).

La CTG s'appuie sur un diagnostic partagé avec les partenaires et permet l'identification des priorités et la définition des moyens dans le cadre d'un plan d'actions adapté. En mobilisant l'ensemble des ressources du territoire, elle renforce les coopérations et contribue ainsi à une plus grande efficacité et complémentarité d'interventions.

La CTG facilite le rééquilibrage territorial des équipements, pour assurer un accès à tous à des services complets, innovants et de qualité.

Source : www.caf.fr

2. En quoi consiste le projet éducatif de territoire (PEDT) ?

Mentionné à l'article D. 521-12 du Code de l'éducation, un PEDT permet de formaliser, dans un contrat, une démarche permettant aux collectivités territoriales volontaires de proposer à chaque enfant un parcours éducatif cohérent et de qualité avant, pendant et après l'école, organisant ainsi, dans le respect des compétences de chacun, la complémentarité des temps éducatifs.

Ce projet permet de développer le partenariat entre la collectivité territoriale compétente, les services de l'État et l'ensemble des acteurs éducatifs locaux (accueils péri et extrascolaires, EAJE, associations sportives et culturelles, caisses d'allocations familiales, etc.). L'objectif du PEDT est de mobiliser toutes les ressources d'un territoire afin de garantir la continuité éducative entre, d'une part, les projets des écoles et, d'autre part, les activités proposées aux enfants en dehors du temps scolaire.

3. En quoi consiste un projet éducatif ?

Le « projet éducatif » est un terme utilisé dans les lieux d'accueil de l'enfant. Il comprend les orientations politiques de l'organisateur (collectivité, association...). Il définit les grandes lignes et les finalités éducatives visées pour un public donné en fonction des besoins locaux.

Il est généralement rédigé pour plusieurs accueils et pour plusieurs années. Il constitue la référence pour le directeur et son équipe.

4. En quoi consiste un projet pédagogique ?

Le projet pédagogique est une notion utilisée dans les structures accueillant des enfants et impliquées dans l'éducation ou la pédagogie (de la crèche à l'université).

Le projet pédagogique découle du projet éducatif mis en œuvre par l'organisateur. Il permet aux intervenants de proposer des projets d'animation/d'activités en lien avec le projet pédagogique. Il peut se traduire et se décliner en plans d'action éducative, en projets annuels, thématiques, coopératifs, collaboratifs, ouverts sur d'autres pays et cultures, etc.

Généralement, un projet pédagogique comprend diverses rubriques :

- les modalités de fonctionnement de l'équipe pédagogique (directeur, animateurs, personnels de service, intervenants extérieurs...) ;
- les objectifs et valeurs de la structure ;
- le descriptif des locaux utilisés ;
- la nature des activités proposées en fonction des modalités d'accueil et, lorsqu'il s'agit d'activités physiques ou sportives, les conditions dans lesquelles celles-ci sont mises en œuvre ;
- la répartition des temps respectifs d'activité et de repos ;
- les modalités de participation des mineurs ;
- le cas échéant, les mesures envisagées pour les mineurs atteints de troubles de la santé ou de handicaps ;
- les modalités d'évaluation de l'accueil.

On parle également de projet d'établissement dans les structures petite enfance.

Chaque structure dispose généralement de son propre règlement intérieur.

5. Quels sont les dispositifs financiers en faveur de la petite enfance et enfance-jeunesse ?

Il existe des dispositifs nationaux et locaux. Certains dispositifs permettent un financement grâce à un conventionnement. On peut citer l'exemple du contrat enfance jeunesse.

D'autres financements sont liés à une prestation de service. On parle de prestation de service unique pour les structures d'accueil du jeune enfant et de prestation de service ordinaire pour les accueils de loisirs et accueils de jeunes. Afin de bénéficier de l'intégralité des aides, certains dispositifs sont soumis au respect d'un taux d'occupation.

D'autres organismes apportent leur concours *via* des appels à projets. Dans ce cas, les organismes fixent leurs critères. Ils peuvent décider de participer seulement à une partie des dépenses, de choisir une thématique (environnement, sport, handicap, etc.).
Les pouponnières sont, elles, financées par chaque conseil départemental.

6. Quelles sont les missions d'un relais assistants maternels (RAM) ?

Les RAM ont une mission d'information tant en direction des parents que des professionnels de la petite enfance. Il s'agit de services gratuits qui garantissent la neutralité et la confidentialité.

Pour les parents

Les RAM informent les parents sur l'ensemble des modes d'accueil (individuels et collectifs) existant sur le territoire concerné. Ils centralisent régulièrement les demandes d'accueil spécifiques (horaires atypiques, accueil d'un enfant en situation de handicap), et orientent, sur des critères objectifs, les familles vers un mode d'accueil correspondant à leurs attentes.

Les RAM délivrent une information générale en matière de droit du travail et orientent les parents vers les interlocuteurs privilégiés en cas de questions spécifiques. Ils sensibilisent les parents sur leur rôle d'employeur et notamment sur les obligations qui en découlent (embaucher des salariés agréés, effectuer des déclarations, etc.).

Pour les assistants maternels et candidats à l'agrément

Les RAM délivrent des informations sur les conditions d'accès et d'exercice de ces métiers, en matière de droit du travail. Ils orientent les professionnels vers les interlocuteurs privilégiés pour des questions spécifiques. Les RAM proposent des temps de rencontres et d'échanges (matinées d'éveil, soirées d'information, etc.).

Les guichets uniques répondent désormais aux familles sur les différents modes de garde pour leur enfant.

Pour enrichir l'offre globale de service et afin de s'adapter aux grands enjeux du secteur, des missions supplémentaires sont créées pour les RAM volontaires. Il s'agit de :

- renforcer l'accompagnement des familles avec un positionnement central du RAM en « guichet unique d'information » et le traitement des demandes d'accueil des familles formulées directement en ligne sur le site www.mon-enfant.fr
- promouvoir l'activité des assistants maternels en améliorant leur employabilité ;
- augmenter les départs en formation continue des assistants maternels.

Source : Circulaire de 2011 de la Caisse d'allocations familiales.

7. Quelles sont les missions de la protection maternelle et infantile (PMI) ?

Le sigle PMI signifie protection maternelle et infantile. Historiquement, la PMI a été créée pour lutter contre la mortalité infantile. Ses missions ont ensuite évolué vers un rôle plus global de protection et de promotion de la santé de la famille et de l'enfance.

Il s'agit d'un service du conseil départemental qui s'adresse aux familles dont les enfants ont moins de 6 ans. Les missions de la PMI sont multiples :

- consultations prénatales, postnatales et actions de prévention médico-sociales en faveur des femmes enceintes ;
- consultations et actions de prévention médico-sociales en faveur des enfants de moins de 6 ans, notamment en école maternelle ;
- agrément des assistants maternels ;
- contrôle des établissements d'accueil de la petite enfance ;
- actions d'éducation et de planification familiale ;
- actions de prévention de la maltraitance des mineurs.

8. En quoi consistent le signalement et l'information préoccupante (IP) ?

L'IP est une information transmise au conseil départemental pour alerter sur l'existence d'un danger ou d'un risque de danger pour un mineur. La finalité de la transmission est d'évaluer la situation d'un mineur et de déterminer les actions de protection et d'aide dont ce mineur et sa famille peuvent bénéficier.

La cellule départementale de recueil et d'évaluation de l'information préoccupante (CRIP) est chargée de recueillir et d'évaluer les informations. Elle est en général pluridisciplinaire. Toute personne peut transmettre une IP à la cellule départementale, soit directement, soit en composant le numéro 119.

La procédure de signalement à l'autorité judiciaire par le conseil départemental intervient dans certains cas :

- quand le mineur est en danger et que les mesures proposées n'ont pas permis de remédier à la situation ;
- en cas de refus, par la famille, d'une intervention de l'aide sociale à l'enfance ;
- quand il est impossible d'évaluer la situation.

> **RAPPEL**
>
> **Comme tout citoyen, tout auxiliaire de puériculture doit également, face à une urgence, appeler le 119.**

9. Qu'apporte la loi du 5 mars 2007 en matière de protection de l'enfance ?

La protection de l'enfance concerne tous les citoyens.

La loi du 5 mars 2007 a amélioré et renforcé la législation déjà existante de la protection de l'enfance. Elle se présente sous forme de 40 articles en 5 titres :

- missions de protection de l'enfance ;
- audition de l'enfant et lien entre protection sociale et protection judiciaire de l'enfance ;
- dispositif d'intervention dans un but de protection de l'enfance ;
- dispositions relatives à l'éducation ;
- protection des enfants contre les dérives sectaires.

Ses objectifs sont de :

- développer la prévention en matière de protection de l'enfance ;
- renforcer les dispositifs d'alerte et d'évaluation des risques de danger de l'enfant ;
- mieux articuler la protection administrative et judiciaire de l'enfance, en utilisant des critères communs d'intervention et en améliorant et diversifiant les modes d'intervention.

La loi impose la prévention comme une mission en matière de protection de l'enfance.

La loi renforce le recueil des données préoccupantes et prévoit la création d'une cellule départementale de recueil des informations préoccupantes et d'un observatoire départemental pour les signalements d'enfant en danger, une meilleure coordination entre les services administratifs et judiciaires.

La loi introduit la notion d'enfant en danger.

La loi du 5 mars 2007 prévoit le secret professionnel partagé. Autrement dit, le secret professionnel doit être partagé entre les professionnels tous soumis au secret (et uniquement eux) dans le but de protéger l'enfant et de lui venir en aide. Les parents et le mineur concernés en seront informés.

> La protection de l'enfance a pour but de prévenir les difficultés auxquelles les parents peuvent être confrontés dans l'exercice de leurs responsabilités éducatives, d'accompagner les familles et d'assurer le cas échéant, selon des modalités adaptées à leurs besoins, une prise en charge partielle ou totale des mineurs. Les interventions peuvent également être destinées à des majeurs de moins de vingt et un ans connaissant des difficultés susceptibles de compromettre gravement leur équilibre. L'intérêt de l'enfant, la prise en compte de ses besoins fondamentaux, physiques, intellectuels, sociaux et affectifs ainsi que le respect de ses droits doivent guider toutes décisions le concernant.
>
> *Article L. 112-3 du Code de l'action sociale et des familles.*

10. Que signifie la laïcité ?

La laïcité est un principe fondamental de l'école en France. Elle signifie que la conception et l'organisation de la société sont fondées sur la séparation de l'Église (ou des Églises) et de l'État. Ce principe est posé par l'article 1er de la Constitution du 4 octobre 1958.

Tous les membres de la communauté éducative doivent le respecter dans les établissements d'accueil du jeune enfant (EAJE).

Cette loi a été renforcée par la loi du 14 mars 2016.

11. En quoi consiste le Réseau d'écoute d'appui à la parentalité (REAAP) ?

Les REAAP mettent en réseau tous ceux qui contribuent à conforter les parents dans leur rôle structurant vis-à-vis de leurs enfants.

Une charte précise les engagements des signataires de ces dispositifs :

- valoriser prioritairement les rôles et les compétences des parents : responsabilité et autorité, confiance en soi, transmission de l'histoire familiale, élaboration de repères, protection et développement de l'enfant, etc. ;
- veiller à la prise en compte de la diversité des structures familiales, des formes d'exercice de la fonction parentale et de la reconnaissance de la place de chacun des parents en tant qu'éducateur de son enfant.

Ces dispositifs sont notamment financés par la Caisse d'allocations familiales.

Différentes actions sont ainsi menées dans le cadre des REAAP (soirées débat, café des parents, ateliers parents-enfants, etc.).

12. En quoi consiste un lieu d'accueil enfants-parents (LAEP) ?

Le LAEP est un espace convivial qui accueille, de manière libre et sans inscription, de jeunes enfants âgés de moins de 6 ans accompagnés de leur(s) parent(s) ou d'un adulte référent. Cette structure, adaptée à l'accueil de jeunes enfants, constitue un espace de jeu libre pour les enfants et un lieu de parole pour les parents. Elle est ouverte sur des temps déterminés par des référents formés à l'écoute et garants des règles de vie spécifiques à ce lieu. Le LAEP est souvent un premier lieu de sociabilité pour l'enfant. Il lui permet de développer sa créativité, son rapport à lui-même, aux autres et au monde. Il constitue de ce fait un espace d'épanouissement pour l'enfant et le prépare à la séparation avec son parent, ce qui facilitera ensuite une meilleure conciliation entre vie familiale, vie professionnelle et vie sociale pour les parents. Le LAEP favorise également les échanges entre adultes. Il a pour objectif de prévenir ou de rompre l'isolement d'un certain nombre de familles, isolement qui peut être géographique, intergénérationnel ou culturel.

La participation est libre, sur la base du volontariat. Le principe de gratuité ou de participation à moindre coût doit être appliqué dans les structures.

La Caisse d'allocations familiales finance ce dispositif.

Structure souple, le LAEP se crée et se développe autour de projets visant à favoriser et à conforter la relation entre les enfants et les parents. Dans chaque LAEP, l'action menée s'adapte en fonction de la population accueillie, des locaux, de la composition de l'équipe d'accueillants, de l'intégration à d'autres activités portées éventuellement par le gestionnaire.

Les LAEP garantissent le principe de l'anonymat.

Source : Site de la Caisse d'allocations familiales.

13. Qu'apporte la loi du 11 février 2005 ?

La loi n° 2005-102 pour l'égalité des droits et des chances, la participation et la citoyenneté des personnes handicapées a été votée le 11 février 2005. Cette loi se compose de 101 articles. Elle donne une définition du handicap : « *Toute limitation d'activité ou restriction de participation à la vie en société subie dans son environnement par une personne en raison d'une altération substantielle, durable ou définitive d'une ou plusieurs fonctions physiques, sensorielles, mentales, cognitives ou psychiques, d'un polyhandicap ou d'un trouble de santé invalidant.* »

Cette loi aborde différentes thématiques :

- l'accueil des personnes handicapées ;
- le droit à compensation ;
- les ressources ;
- la scolarité ;
- l'emploi ;
- l'accessibilité ;
- la citoyenneté et la participation à la vie sociale.

La loi crée une maison départementale des personnes handicapées dans chaque département sous la direction du conseil départemental. Elle instaure un droit d'accès à l'école, aux accueils de loisirs, aux structures du jeune enfant, etc. Elle oblige les entreprises à employer au moins 6 % de travailleurs handicapés. Elle renforce les règles d'accessibilité dans les établissements recevant du public.

14. Quelles sont les missions de la maison départementale des personnes handicapées (MDPH) ?

Créées par la loi pour l'égalité des droits et des chances, la participation et la citoyenneté des personnes handicapées du 11 février 2005, les MDPH sont chargées de l'accueil et de l'accompagnement de ces personnes handicapées et de leurs proches. Il existe une MDPH dans chaque département ; chacun de ces établissements fonctionne comme un guichet unique concernant l'ensemble des démarches liées aux situations de handicap. La personne handicapée se trouve au cœur de ce dispositif de service public. Une réelle prise en compte de son projet de vie et une évaluation au plus près de ses besoins par une équipe pluridisciplinaire aident à faire reconnaître ses droits à la compensation par la commission des droits et de l'autonomie (CDAPH).

Les missions de la MDPH sont décrites dans l'article 64 de la loi du 11 février 2005. Ainsi, elle « *exerce une mission d'accueil, d'information, d'accompagnement et de conseil des personnes handicapées et de leur famille, ainsi que de sensibilisation de tous les citoyens au handicap. Elle met en place et organise le fonctionnement de l'équipe pluridisciplinaire, de la CDAPH, de la procédure de conciliation interne et désigne la personne référente [pour cette procédure] et pour l'insertion professionnelle.* »

L'accompagnement comprend l'évaluation du handicap et des besoins de compensation définis en fonction du projet de vie. Le travail d'évaluation concerne notamment les enfants en âge d'être scolarisés qui bénéficient d'un plan personnalisé de scolarisation (PPS).
L'équipe pluridisciplinaire des MDPH accueille divers professionnels provenant des secteurs social, sanitaire (médecins, ergothérapeutes, psychologues...), médico-social, scolaire, de l'insertion professionnelle... Sa composition peut varier en fonction de la nature des besoins ou du handicap de la personne concernée.
En tant qu'interlocuteur unique de la personne handicapée, la MDPH s'appuie sur les centres communaux ou intercommunaux d'action sociale, ou sur les organismes assurant des services d'évaluation et d'accompagnement des besoins des personnes handicapées avec lesquels elle passe convention. Elle peut également organiser des actions de coordination avec les autres dispositifs sanitaires et médico-sociaux concernant la personne en situation de handicap.
Chargée, *via* la CDAPH, de l'orientation vers les services ou établissements médico-sociaux des personnes en situation de handicap, la MDPH leur transmet les informations relatives à ces orientations.
Source : Site www.mdph.fr.

15. Dans quels types de structures peuvent être accueillis les jeunes enfants ?

Les jeunes enfants peuvent être accueillis dans différentes structures :
- accueil au domicile des parents (garde à domicile) ;
- accueil au domicile d'une assistante maternelle agréée par le conseil départemental ;
- accueil dans une maison d'assistants maternels (regroupement de deux à quatre assistants maternels) ;
- accueil dans une crèche familiale ;
- accueil dans un EAJE : crèche collective, crèche parentale, multi-accueil, micro-crèche, jardin d'enfants, halte-garderie.

Certains enfants sont également accueillis en pouponnière, car ils ne peuvent être gardés par leurs parents.

16. Quelles sont les différences entre les structures petite enfance ?

Plusieurs types d'établissements et de services répondent aux besoins d'accueil collectif du jeune enfant. Ces structures peuvent être gérées par une collectivité (commune, EPCI), une association, une mutuelle, une entreprise, etc.
Les structures petite enfance répondent à différents critères :
- taille de la structure (nombre de places) ;
- qualification du personnel (direction, encadrement) ;
- taux d'encadrement ;
- modalités d'accueil (régulier, occasionnel, etc.).

Les crèches collectives ont vocation à accueillir des enfants fréquentant régulièrement la structure. Les crèches parentales sont gérées par des parents dans le cadre d'une association. Les familles participent à l'accueil des enfants aux côtés des professionnels de la crèche.

Les crèches familiales emploient des assistants maternels. Ces derniers accueillent à leur domicile des enfants. Des temps de regroupement collectif sont organisés dans les locaux de la crèche familiale. Les parents sont donc usagers de la crèche familiale.

Les micro-crèches accueillent dix enfants maximum. La structure bénéficie de règles assouplies pour le fonctionnement et la direction.

Les crèches d'entreprise accueillent les enfants du personnel d'une ou de plusieurs entreprises ou établissements publics (administrations, hôpitaux, etc.). Majoritairement situées à proximité des entreprises, elles peuvent proposer des places aux extérieurs.

Les haltes-garderies proposent un accueil occasionnel et court, souvent quelques heures par semaine. D'autres enfants sont accueillis un nombre d'heures plus important (parents à temps partiel, etc.). Le personnel est généralement composé d'un directeur ou une directrice et d'une équipe pluridisciplinaire (éducateurs de jeunes enfants, auxiliaires de puériculture, etc.). Le coût varie en fonction des revenus et des charges de la famille. Les tarifs sont réglementés au niveau national.

Le jardin d'enfants se situe à mi-chemin entre la crèche collective et l'école maternelle. Il est sous la responsabilité d'éducateurs de jeunes enfants qui proposent des activités spécifiques favorisant l'éveil des enfants. Les jardins d'enfants privés appliquent des tarifs libres.

17. Quelles sont les principales règles/caractéristiques en accueil collectif de mineurs ?

Les auxiliaires de puériculture peuvent être amenés à exercer leurs missions en accueil collectif de mineurs, même si cela est plutôt rare.

Voici quelques informations essentielles :

- un accueil collectif de mineurs est dirigé par un directeur qualifié (BAFD – brevet d'aptitude aux fonctions de directeur d'accueil collectif de mineurs – ou équivalent). Des animateurs (majoritairement diplômés BAFA – brevet d'aptitude aux fonctions d'animateur – ou équivalent) encadrent les enfants sur les temps non scolaires ;
- des taux d'encadrement sont à respecter. Ces taux diffèrent en fonction du type d'accueil (périscolaire ou extrascolaire) ;
- un accueil de loisirs est un accueil ouvert aux mineurs dès leur inscription dans un établissement scolaire ;
- un projet pédagogique doit être écrit pour chaque accueil de loisirs.

18. Quelles sont les principales règles d'encadrement dans les établissements d'accueil du jeune enfant (EAJE) ?

Les auxiliaires de puériculture exercent en structure petite enfance.
Les taux d'encadrement sont régulièrement remis en cause par le législateur.
Afin d'être à jour dans les réglementations, il est conseillé de se référer à la réglementation officielle, en vigueur au moment du concours.
On retiendra la règle suivante :

- un encadrant pour cinq enfants qui ne marchent pas ;
- un encadrant pour huit enfants qui marchent.

Selon la taille et le type de la structure :

- la direction peut compter ou non dans le calcul du taux d'encadrement ;
- un pourcentage de l'équipe doit également être qualifié (éducateur de jeunes enfants, auxiliaire de puériculture –, etc.).

La loi ASAP promulguée en décembre 2020 vient apporter de nombreuses modifications sur l'accueil du jeune enfant :

- taux d'encadrement ;
- qualification des professionnels ;
- capacités d'accueil des structures.

2 Les missions des auxiliaires de puériculture

Les auxiliaires de puériculture peuvent travailler auprès du public de 0 à 6 ans, principalement auprès des moins de 3 ans. Quel que soit le public avec lequel ils sont amenés à travailler, ils doivent connaître les missions qui peuvent leur être confiées.

Questions

19. Quelles sont les principales missions d'un auxiliaire de puériculture ?
20. Quelles sont les différentes étapes d'élaboration d'une activité ?
21. Quelles sont les missions d'un auxiliaire de puériculture en matière d'accueil et de prévention ?
22. Quelles sont les missions d'un auxiliaire de puériculture en matière d'animation ?
23. Quelles sont les missions d'un auxiliaire de puériculture en pouponnière ?
24. Comment évaluer une animation ?

Réponses

19. Quelles sont les principales missions d'un auxiliaire de puériculture ?

La mission de l'auxiliaire de puériculture est d'accompagner l'enfant, de le prendre en charge entièrement et de répondre à tous ses besoins, fondamentaux ou secondaires. Pour accomplir correctement sa tâche, il doit avoir des qualités, telles que le sens de l'écoute, la patience, la prévoyance et de bonnes compétences en communication. Ses tâches peuvent être plus ou moins différentes selon son lieu de travail.

Missions dans une crèche ou autre structure d'accueil

Les crèches, les micro-crèches, les haltes-garderies, les multi-accueils ou encore les jardins d'éveil sont des établissements qui accueillent des enfants avec des systèmes d'accueil différents. Dans ces lieux de travail, le rôle de l'auxiliaire de puériculture est très important, car il accompagne l'enfant, dès l'âge de 3 mois, jusqu'à 3 ans. Sa mission peut avoir un très grand impact sur l'enfant, aussi bien pour son physique, sa santé et sa motricité que sur sa personnalité, son épanouissement et son bien-être moral. Voici ses tâches principales :

- travailler en équipe, avec d'autres auxiliaires, et souvent avec des éducateurs de jeunes enfants ;
- être auprès de l'enfant tout au long de la journée, dès le processus de séparation avec les parents, jusqu'à l'heure des retrouvailles ;
- s'occuper des enfants : les changer, les coucher, les nourrir et animer les temps d'éveil en faisant des activités avec les enfants et en aménageant l'espace ;
- être à l'écoute des parents, les rassurer et leur donner des conseils pour l'éducation des enfants.

Missions dans une PMI

Dans une PMI, l'auxiliaire de puériculture travaille auprès des enfants et des familles. Il a pour tâche l'accueil des parents et des enfants ainsi que l'animation dans les salles d'attente lors des consultations infantiles, afin de réconforter les parents, d'offrir un accueil chaleureux et d'échanger avec eux sur différents thèmes, comme le sommeil, la propreté et l'alimentation, en attendant qu'ils soient accueillis par le médecin. Il peut notamment participer aux consultations.

Missions en maternité

Une fois l'accouchement terminé, l'auxiliaire de puériculture prend en charge le bébé, favorise la relation parent-enfant, et accompagne les parents dans leur nouveau rôle en participant notamment au premier bain du bébé et à son alimentation. Ses tâches sont les suivantes :

- s'occuper des besoins de base de l'enfant : nourriture, hygiène, etc. ;
- surveiller le bébé et contrôler sa santé : fièvre, coliques, etc. ;
- aider les parents à apprendre les gestes et les réflexes du quotidien pour s'occuper de l'enfant ;
- accompagner les parents, les encadrer et les rassurer lorsqu'ils effectuent les premiers soins de leur bébé.

Missions à l'hôpital ou dans le milieu médical

- **Rôle en pédiatrie** : tout comme l'aide-soignant, l'auxiliaire de puériculture est chargé de l'hygiène et du confort de l'enfant : température, repos, douche/bain/toilettes, etc.
- **Rôle en service de néonatologie** : au sein de ce service, l'auxiliaire de puériculture est chargé du soin complet et méticuleux de l'enfant prématuré : prise de poids, prise de température, surveillance, etc.
- **Rôle en réanimation** : l'état de l'enfant étant assez critique dans ce service, l'auxiliaire de puériculture suit de très près son état de santé et contrôle tous les éléments nécessaires : température, respiration, poids, etc.

Un auxiliaire de puériculture territorial ne sera pas amené à travailler en maternité ou en milieu hospitalier.

20. Quelles sont les différentes étapes d'élaboration d'une activité ?

Une animation réussie ne s'improvise pas, même si certaines improvisations peuvent être réussies. Une animation doit donc suivre plusieurs étapes, même en structure petite enfance.

- **La préparation** : toute activité doit être préparée. Le professionnel doit, en effet, s'assurer qu'il dispose du matériel nécessaire (quantité, qualité, coût, adapté au public, etc.). Idéalement, il doit préparer un modèle pour vérifier que son projet est réalisable (matériel, durée, public, etc.).
- **La sensibilisation** : certaines activités nécessitent une sensibilisation pour accrocher le public, pour créer une ambiance, pour vérifier si le public va être intéressé au projet.
- **L'information** : certaines activités nécessitent une information préalable. On peut citer l'exemple d'une animation cuisine ou d'une sortie extérieure pour lesquelles il faudrait prévenir les participants de la date, des horaires, des formalités administratives, des effets à apporter (pique-nique, tablier pour une activité cuisine, casquette, crème solaire pour une activité piscine).
- **Le lancement** : une activité se lance. Idéalement, un professionnel doit essayer de créer une ambiance lors du début de son animation.

- **L'animation** : lors de l'animation, le professionnel doit trouver le bon positionnement. Il doit veiller à la sécurité physique et affective de tous, faire en sorte que chacun trouve sa place.
- **La conclusion** : toute activité doit se conclure. Idéalement, une activité ne prend pas fin parce qu'il est « l'heure », mais le professionnel doit préparer la fin de l'activité pour que celle-ci se termine dans de bonnes conditions.
- **Le rangement** : le rangement fait partie intégrante de l'animation. Les participants (surtout quand il s'agit d'enfants) doivent participer au rangement.
- **L'évaluation** : il est important d'évaluer son activité afin de la perfectionner. Les critères d'évaluation sont développés dans une autre réponse (voir question 24).

21. Quelles sont les missions d'un auxiliaire de puériculture en matière d'accueil et de prévention ?

L'accueil doit être un moment privilégié. Dans les premières minutes, parents et enfants doivent se sentir à l'aise. L'auxiliaire de puériculture doit donc saluer les familles, s'assurer de leur identité, créer un climat de confiance en se présentant, etc. Ces règles sont valables, quel que soit l'âge de l'enfant.
La séparation du matin entre l'enfant et son cocon familial peut être un moment angoissant. Lors du temps d'accueil, l'auxiliaire de puériculture doit se montrer disponible pour l'enfant et les parents :

- il se renseigne sur l'état de santé de l'enfant (sommeil, doudou, repas, etc.) ;
- il facilite l'intégration de l'enfant au sein du collectif ;
- il facilite la séparation ;
- il rassure l'enfant et le parent.

Outre ses missions premières d'éveil au jeune enfant, l'auxiliaire de puériculture doit également pouvoir jouer un rôle de prévention. Ce rôle est différent en fonction du public, de l'environnement, etc.
La prévention concerne différents domaines :

- la maltraitance ;
- l'aide et le soutien à la parentalité (repas, sommeil, propreté, etc.).

> **ATTENTION**
>
> **L'auxiliaire de puériculture ne peut pas gérer toutes les situations. Il a un rôle de relais vers les organismes compétents (travailleurs sociaux, associations diverses, PMI, gendarmerie, etc.).**

22. Quelles sont les missions d'un auxiliaire de puériculture en matière d'animation ?

L'éveil du jeune enfant est le cœur même du métier d'auxiliaire de puériculture. L'auxiliaire de puériculture assure les conditions de sécurité. Il doit veiller à proposer des jeux adaptés à l'âge du jeune enfant. En effet, le risque d'ingestion est très important.
L'auxiliaire de puériculture doit favoriser le jeu libre, le développement de la motricité, l'imaginaire.

> **ATTENTION**
>
> **Il ne s'agit pas de proposer des activités scolaires.**

23. Quelles sont les missions d'un auxiliaire de puériculture en pouponnière ?

La pouponnière est un lieu accueillant des enfants de 0 à 6 ans placés pour cause judiciaire, maltraitance, en attente d'une procédure d'adoption ou d'une famille d'accueil. Ils ont souvent un passé lourd, une histoire douloureuse.
L'auxiliaire de puériculture a donc un rôle très important. Il doit accueillir ces enfants dont la séparation est difficile, les consoler, les rassurer, leur parler. Attention, l'auxiliaire ne doit en aucun cas juger les familles, les enfants et leur histoire !
L'auxiliaire de puériculture doit prendre en compte les décisions prises par la justice envers la famille (ramener un enfant à son domicile pour qu'il puisse y passer le week-end, téléphoner aux parents, donner des nouvelles lorsque les proches appellent, etc.). Des cahiers de transmission sont régulièrement mis en place pour suivre l'enfant. Il est également primordial que l'auxiliaire de puériculture comprenne qu'il ne remplace pas les parents et il ne doit pas s'attacher aux enfants.
Avec son histoire douloureuse, le jeune enfant risque de ne pas se développer de la même manière que l'enfant « classique ». Il est important de ne pas le comparer aux « moyennes ». Il est fort probable que l'enfant se tienne assis ou marche plus tard que les autres. Le rôle de l'auxiliaire de puériculture et de toute l'équipe est d'accompagner l'enfant dans son développement, de lui redonner confiance en lui, de le rendre plus autonome. Chaque enfant a souvent un référent. Contrairement aux structures classiques de mode de garde, la pouponnière est ouverte 7 jours sur 7 et 24 heures sur 24. Il est essentiel que l'enfant se sente presque comme chez lui pour bien grandir.

24. Comment évaluer une animation ?

L'évaluation est une étape importante. Elle est souvent oubliée. L'évaluation doit être réfléchie en amont de l'animation et non à son terme. En effet, les critères et indicateurs doivent avoir été définis à l'avance.

Pour évaluer correctement une animation, il convient de s'interroger :

- Qui va évaluer ? (autoévaluation, évaluation des participants, des collègues, du supérieur hiérarchique, des élus, etc.) ;
- Quand évaluer ? (immédiatement après l'activité, après un certain délai) ;
- Où évaluer ? (sur place, à domicile, etc.) ;
- Quoi évaluer ?

Une évaluation peut être quantitative et qualitative. Concernant le quantitatif, on peut par exemple évaluer le nombre de participants, le nombre de familles différentes, le nombre de personnes par commune, le nombre de nouvelles personnes, etc. Concernant le qualitatif, on peut évaluer le degré de satisfaction de l'activité, de l'accueil, de la durée de l'activité, le respect du programme, le respect du budget, etc.

- **Comment évaluer** ? L'évaluation peut être orale ou écrite (pour des adultes), anonyme ou personnalisée. Les formes sont diverses (questionnaire, smiley, code couleur, etc.).
- **Pourquoi évaluer** ? L'évaluation permet de faire progresser l'animation.

3 L'environnement territorial des auxiliaires de puériculture

Les auxiliaires de puériculture sont des fonctionnaires territoriaux. Il est donc indispensable qu'ils maîtrisent le cadre juridique de la fonction publique. Tout agent de la fonction publique a des droits et des obligations qu'il est important de connaître.

Questions

25. Quelles sont les trois fonctions publiques ?
26. Comment est organisée la fonction publique territoriale ?
27. Quels sont les grands principes du service public ?
28. Que signifie le principe de neutralité du service public ?
29. Quelles sont les compétences d'une commune ?
30. Quelles sont les principales compétences des syndicats et des communautés de communes et d'agglomérations ?
31. Quelles sont les principales compétences d'une communauté urbaine et d'une métropole ?
32. Quelles sont les compétences du département ?
33. Quelles sont les compétences de la région ?
34. Comment est élu le maire d'une commune ?
35. Quelle est la durée du mandat d'un maire ?
36. Que signifie la responsabilité civile ?
37. Que signifie la responsabilité pénale ?
38. Quels sont les principaux droits d'un fonctionnaire ?
39. En quoi consiste la protection fonctionnelle ?
40. En quoi consiste le droit syndical ?
41. En quoi consiste le droit de grève ?
42. Quelles sont les principales obligations d'un fonctionnaire ?
43. En quoi consiste l'obligation de discrétion professionnelle ?

44. En quoi consiste l'obligation d'effectuer les tâches confiées ?
45. En quoi consiste l'obligation d'obéissance hiérarchique ?
46. En quoi consiste l'obligation de réserve ?
47. En quoi consiste le régime de cumul d'activités dans la fonction publique ?
48. En quoi consiste le secret professionnel ?
49. Quelles sont les sanctions existantes dans la fonction publique territoriale ?
50. Quels sont les pouvoirs du maire ?
51. Quelle est l'évolution prévue pour les instances représentatives du personnel ?
52. En quoi consiste la hiérarchie des normes ?
53. À quoi sert le CNFPT (Centre national de la fonction publique territoriale) ?
54. En quoi consiste le CPF (compte personnel de formation) ?
55. Comment se déroule la carrière d'un agent dans la fonction publique territoriale ?
56. Comment se traduit l'obtention d'un concours dans la fonction publique territoriale ?
57. Comment est voté un budget ?
58. Quels sont les principes budgétaires ?
59. Qu'appelle-t-on le principe de légalité ?
60. En quoi consiste un marché public ?
61. Comment appelle-t-on les décisions des organes délibérants ?
62. Comment est votée une loi ?
63. Que signifie la décentralisation ?
64. En quoi consiste la déconcentration ?
65. Quels sont les grands textes importants dans la fonction publique ?

Réponses

25. Quelles sont les trois fonctions publiques ?

Il existe trois fonctions publiques en France :

- la fonction publique d'État ;
- la fonction publique territoriale ;
- la fonction publique hospitalière.

Fin 2018, la fonction publique comptait 5,63 millions d'agents.
La loi du 13 juillet 1983 est commune à tous les fonctionnaires.
La loi du 26 janvier 1984 est spécifique à la fonction publique territoriale.

26. Comment est organisée la fonction publique territoriale ?

La fonction publique territoriale comprend trois catégories :

- les agents de catégorie A occupent des postes de direction, de conception et d'encadrement (bac + 3 voire plus) ;
- les agents de catégorie B exercent des fonctions d'application et de maîtrise (bac ou bac + 2) ;
- les agents de catégorie C ont des emplois d'exécution.

Il existe dix filières dans la fonction publique territoriale :

- administrative ;
- médico-sociale ;
- médico-technique ;
- culturelle ;
- technique ;
- sportive ;
- animation ;
- sociale ;
- police ;
- sapeurs-pompiers.

Les agents de la fonction publique sont stagiaires puis sont titularisés et avancent tout au long de leur carrière.

27. Quels sont les grands principes du service public ?

Les services publics sont régis par de grands principes :

- la continuité ;
- l'adaptabilité ou la mutabilité ;
- l'égalité ;
- la neutralité et la laïcité.

Le principe de continuité signifie qu'un service public doit fonctionner de manière continue et régulière, sans autres interruptions que celles prévues par la réglementation en vigueur. Le principe d'adaptabilité ou de mutabilité signifie que le service doit suivre l'évolution des besoins d'intérêt général. Le principe d'égalité implique que les personnes se trouvant dans une situation identique à l'égard du service public doivent être régies par les mêmes règles. Le principe de neutralité est développé dans la réponse suivante.

28. Que signifie le principe de neutralité du service public ?

Le principe de neutralité signifie que le service public ne doit pas être influencé par des intérêts privés. Il s'impose à tous les agents publics qui ont interdiction d'exprimer leurs opinions politiques ou religieuses dans l'exercice de leur mission.
Un professionnel de la petite enfance n'est pas autorisé à porter un voile, une croix chrétienne, ni tout autre signe religieux ostentatoire lors de ses missions d'agent public.

29. Quelles sont les compétences d'une commune ?

La commune est le lieu de l'administration de proximité. Il en existe près de 35 000 en France. La commune dispose de compétences très diversifiées.
Les communes ont des compétences traditionnelles :

- l'état civil, c'est-à-dire l'enregistrement des actes qui concernent les naissances, les mariages et les décès ;
- l'organisation des élections au nom de l'État ;
- la protection de l'ordre public local (police municipale, circulation et stationnement, prévention de la délinquance) ;
- l'entretien de la voirie communale.

Les communes ont également acquis des compétences liées aux différentes lois de décentralisation :

- en matière d'enseignement (implantation et entretien des écoles maternelles et primaires) ;
- dans le domaine culturel (musées et bibliothèques municipales) ;
- en matière de sports et de loisirs (gestion des équipements sportifs) ;
- en matière de tourisme ;
- dans le domaine sanitaire et social (gestion des centres communaux d'action sociale) ;
- dans le domaine de la petite enfance, l'enfance et la jeunesse (crèches, accueils de loisirs, restauration scolaire) ;
- en matière environnementale ;
- en matière d'urbanisme et d'aménagement du territoire.

Cette liste n'est pas exhaustive, car la commune bénéficie de la clause de compétence générale qui lui permet d'intervenir dans tous les domaines dès lors qu'il existe un intérêt public local.

Les services à la population peuvent être fournis soit directement par la commune et le personnel communal (il s'agit alors d'une régie municipale), soit avec l'aide d'un prestataire privé dans le cadre d'un contrat (il s'agit alors d'une délégation de service public). Certaines compétences peuvent également être transférées à la structure intercommunale à laquelle la commune appartient (une communauté urbaine, communauté de communes ou communauté d'agglomération), de manière obligatoire ou facultative. Les EPCI exercent des compétences qui nécessitent une vision plus globale d'un territoire ou une mutualisation des moyens comme l'aménagement du territoire, la gestion des transports urbains ou la collecte des ordures ménagères.
En effet, la loi du 7 août 2015 portant nouvelle organisation territoriale de la République (NOTRe) renforce les compétences optionnelles et obligatoires reconnues aux communautés de communes et aux communautés d'agglomérations, ce qui, de fait, réduit d'autant les compétences des communes membres de ces EPCI.

30. Quelles sont les principales compétences des syndicats et des communautés de communes et d'agglomérations ?

Les communautés de communes et les communautés d'agglomérations sont des EPCI à fiscalité propre, c'est-à-dire disposant de ressources fiscales propres. Elles correspondent à deux catégories de regroupement de communes.

Intercommunalité	Compétences obligatoires avant la loi NOTRe	Compétences facultatives avant la loi NOTRe
Syndicat intercommunal à vocation unique (SIVU)	Une seule compétence	
Syndicat intercommunal à vocation multiple (SIVOM)	Plusieurs compétences	
Syndicat d'agglomération nouvelle (SAN)		• Programmation et investissement en urbanisme • Logement • Transports • Réseaux divers • Création de voies nouvelles • Développement économique

Intercommunalité	Compétences obligatoires avant la loi NOTRe	Compétences facultatives avant la loi NOTRe
Communauté de communes (CC)	• Aménagement de l'espace • Actions de développement économique	Au moins quatre parmi : • Environnement • Politique du logement et du cadre de vie • Voirie • Équipements culturels, sportifs et scolaires • Tout ou partie de l'assainissement • Action sociale d'intérêt communautaire • Tout ou partie de l'action sociale, après une convention passée avec le département
Communauté d'agglomération (CA)	• Développement économique et aménagement de l'espace communautaire • Équilibre social de l'habitat • Politique de la ville	Au moins trois parmi : • Assainissement, eau • Protection et mise en valeur de l'environnement et du cadre de vie • Aménagement • Entretien et gestion de voirie, de parcs de stationnement • Construction d'équipements culturels et sportifs d'intérêt communautaire • Action sociale d'intérêt communautaire

31. Quelles sont les principales compétences d'une communauté urbaine et d'une métropole ?

Intercommunalité	Compétences obligatoires avant la loi NOTRe	Compétences facultatives avant la loi NOTRe
Communauté urbaine (CU)	• Développement et aménagement économique, social et culturel de l'espace communautaire • Aménagement de l'espace communautaire • Équilibre social de l'habitat sur le territoire communautaire • Politique de la ville dans la communauté • Gestion des services d'intérêt collectif • Protection et mise en valeur de l'environnement et de la politique du cadre de vie	Tout ou partie de l'action sociale, après une convention passée avec le département

Intercommunalité	Compétences obligatoires avant la loi NOTRe	Compétences facultatives avant la loi NOTRe
Métropole	Compétences précédemment dévolues aux communes : • Développement et aménagement économique, social et culturel • Aménagement de l'espace métropolitain • Politique locale de l'habitat • Politique de la ville • Gestion de certains services d'intérêt collectif • Protection et mise en valeur de l'environnement et de la politique du cadre de vie Compétences précédemment dévolues au département : • Transports scolaires • Gestion des routes départementales • Zones d'activité et promotion à l'étranger du territoire et de ses activités économiques Compétences précédemment dévolues à la région : • Promotion à l'étranger du territoire et de ses activités économiques	Après une convention passée avec le département : • Action sociale • Collèges • Développement économique • Schéma d'aménagement touristique départemental et comité départemental du tourisme • Musées départementaux • Équipements sportifs départementaux Après une convention passée avec la région : • Lycées • Développement économique Délégation de l'État, à la demande de la métropole : • Grands équipements et infrastructures

32. Quelles sont les compétences du département ?

Le département est désormais désigné comme chef de file en matière d'aide sociale, d'autonomie des personnes et de solidarité des territoires. Le coût financier de ses interventions représente plus de la moitié de son budget de fonctionnement. Son cœur de compétences se trouve donc réaffirmé.

- **L'action sanitaire et sociale** : c'est la vocation prioritaire du département (revenu de solidarité active – RSA ; allocation personnalisée d'autonomie – APA ; gestion des services de PMI ; aide aux personnes handicapées, etc.).
- **La gestion des routes et des déplacements** : le conseil départemental gère de grands équipements (ports, aérodromes) et de nombreuses routes. Il assure en effet l'entretien, la gestion et la construction des routes départementales. Le conseil départemental est également compétent en matière d'aires de covoiturage, de véloroutes et pistes cyclables et de transport routier express.
- **L'enseignement** : la construction, l'entretien et l'équipement (informatique notamment) des collèges relèvent du conseil départemental.
- **La culture** : le conseil départemental assure la valorisation et la sauvegarde du patrimoine. Il gère ainsi les archives et bibliothèques départementales ainsi que les musées départementaux. Il apporte également son soutien à la vie culturelle, notamment en milieu scolaire.
- **L'aménagement durable du territoire** : ce poste comprend l'équipement rural, la gestion de l'eau, le remembrement et l'aménagement foncier. Le développement touristique est également un axe important.
- **La sécurité incendie** : parmi les compétences obligatoires, le conseil départemental assure la gestion du service départemental d'incendie et de secours (SDIS). Même si le SDIS constitue une entité autonome, c'est le conseil départemental qui en assure le principal financement.

Les dépenses comprennent notamment l'organisation de la lutte contre l'incendie et celle des secours en cas de catastrophe.

33. Quelles sont les compétences de la région ?

La loi portant nouvelle organisation territoriale de la République (NOTRe) du 7 août 2015 a renforcé les compétences régionales. La région a surtout des fonctions de programmation, de planification et d'encadrement de l'action des collectivités situées dans son ressort. Ayant perdu la compétence générale, la région dispose des compétences énumérées par les diverses lois qui se sont succédé depuis 1983.

« Le conseil régional a compétence pour promouvoir le développement économique, social, sanitaire, culturel et scientifique de la région, le soutien à l'accès au logement et à l'amélioration de l'habitat, le soutien à la politique de la ville et à la rénovation urbaine et le soutien aux politiques d'éducation et l'aménagement et l'égalité de ses territoires, ainsi que pour assurer la préservation de son identité et la promotion des langues régionales, dans le respect de l'intégrité, de l'autonomie et des attributions des départements et des communes. »

Loi NOTRe

Le conseil régional est seul compétent pour définir les régimes d'aide et pour décider de l'octroi des aides aux entreprises de la région. La région anime les pôles de compétitivité. La région participe à la coordination des acteurs du service public de l'emploi sur son territoire. Elle met en œuvre des actions de formation professionnelle continue et d'apprentissage, ce qui inclut l'insertion des jeunes en difficulté et les formations en alternance. Elle construit, entretient et participe au fonctionnement des lycées d'enseignement général et des lycées et établissements d'enseignement agricole.

La région établit un plan régional de prévention et de gestion des déchets comprenant des objectifs en matière de prévention, de recyclage et de valorisation des déchets. Concernant la gestion de l'eau et la protection de la ressource, le conseil régional peut se voir attribuer tout ou partie des missions d'animation et de concertation lorsque l'état des eaux présente des enjeux sanitaires et environnementaux justifiant une gestion coordonnée des différents sous-bassins hydrographiques de la région.

En matière de transports, la région a la gestion des transports régionaux de voyageurs, notamment ferroviaires (réseau des trains express régionaux, TER), et participation au financement des infrastructures, comme la construction de nouvelles lignes de TGV. Elle organise aussi les transports maritimes réguliers publics de personnes et de biens pour la desserte des îles françaises (sauf pour les îles qui appartiennent au territoire d'une commune continentale).

La région élabore également un schéma régional d'aménagement, de développement durable et d'égalité des territoires.

Enfin, la région est désignée collectivité chef de file pour le tourisme.

34. Comment est élu le maire d'une commune ?

Contrairement à une idée reçue, les électeurs ne votent pas directement pour le maire de leur commune. Ils élisent les membres du conseil municipal, lesquels élisent, dans un second temps, le maire et ses adjoints. Dans l'écrasante majorité des cas, le chef de file de la liste qui remporte l'élection est élu maire.

Le nombre de conseillers municipaux est fonction de la taille de la commune. Sept sièges sont à pourvoir dans les communes de moins de 100 habitants, jusqu'à 69 pour les communes de plus de 300 000 habitants, et davantage encore pour Paris, Lyon et Marseille, dont le mode de scrutin diffère.

Depuis les élections municipales de 2014, afin de faciliter la parité entre hommes et femmes aux fonctions électives, on ne vote au scrutin majoritaire que dans les communes dont la population est inférieure à 1 000 habitants (contre 3 500 habitants auparavant). Au-dessus, il s'agit d'un régime au scrutin proportionnel. Quelle que soit la taille de la commune, on ne peut voter que pour des candidats ayant fait enregistrer leur candidature en préfecture ou sous-préfecture.

35. Quelle est la durée du mandat d'un maire ?

Le mandat des élus municipaux est de six ans, renouvelable indéfiniment.

36. Que signifie la responsabilité civile ?

La responsabilité civile correspond à l'obligation de réparer les dommages causés à autrui. Ce dommage peut résulter, par exemple, d'une imprudence. Pour que la responsabilité civile soit engagée, il faut trois éléments :

- une faute ;
- un dommage ;
- un lien de causalité entre la faute et le dommage.

Toute personne peut s'assurer pour couvrir les dommages causés à autrui. C'est alors l'assurance qui se substitue à vous si vous causez un dommage.
Références : Articles 1240 et suivants du Code civil.

EXEMPLES

- Exemple 1 : un auxiliaire de puériculture organise une activité sans respecter les conditions de sécurité. Un enfant se blesse au cours de l'activité. Il y a un lien entre la blessure et le non-respect des conditions de sécurité. La responsabilité de l'auxiliaire de puériculture est engagée, même s'il n'y a pas d'intention.
- Exemple 2 : un auxiliaire de puériculture encadre une sortie et oublie un enfant dans le bus pendant deux heures. La responsabilité de l'auxiliaire est engagée s'il y a un dommage. Si l'enfant a besoin de voir un psychologue, car il a subi un traumatisme et qu'il ne peut plus monter dans un bus, s'il a peur de rester seul, etc. En revanche, si on ne peut prouver de dommage, la responsabilité civile ne peut pas être engagée.

37. Que signifie la responsabilité pénale ?

La responsabilité pénale est l'obligation de répondre des infractions commises et de subir la peine prévue par le texte qui les réprime. Les infractions sont énumérées dans le Code pénal. Il existe trois types d'infractions classées en fonction de leur gravité :

- les contraventions ;
- les délits ;
- les crimes.

À la différence de la responsabilité civile (qui est l'obligation de répondre du dommage que l'on a causé en le réparant en nature ou par équivalent, par le versement de dommages-intérêts), la responsabilité pénale implique un recours par l'État contre un trouble à l'ordre public. Dans les faits, elle se traduit par une peine d'emprisonnement et/ou une amende.
Référence : Code pénal.

EXEMPLE

En temps de canicule, un auxiliaire de puériculture prend une longue pause en laissant des enfants sans surveillance près d'une petite piscine. Un enfant se noie. Il est hospitalisé pendant un mois. Le juge va vérifier si l'auxiliaire de puériculture a commis une infraction du Code pénal. Ici, il pourrait s'agir d'une négligence, d'une imprudence, d'un manquement à une obligation de sécurité. Le juge va également analyser le comportement de l'auxiliaire de puériculture au regard du comportement normal d'un autre agent ayant les mêmes qualifications. Dans le cas cité, on peut imaginer que le juge sanctionnerait le comportement de l'auxiliaire de puériculture qui serait condamné à une peine de prison et/ou une amende.

38. Quels sont les principaux droits d'un fonctionnaire ?

Les principaux droits sont :
- la liberté d'opinion politique, syndicale, philosophique ou religieuse ;
- le droit de grève ;
- le droit syndical ;
- le droit à la formation permanente ;
- le droit de participation ;
- le droit à rémunération après service fait ;
- le droit à la protection fonctionnelle.

Il y a différentes catégories de droits.
Des droits liés à l'exercice des fonctions de fonctionnaires :
- le droit à rémunération et à pension de retraite : le fonctionnaire a droit à une rémunération après service fait, qui se décompose en un traitement, des primes et indemnités. Il est prolongé à la retraite par le versement d'une pension ;
- le droit à des congés : congés annuels, de formation, maternité, parental ou maladie ;
- le droit à la protection fonctionnelle de l'administration ;
- le droit à la formation professionnelle (article 22 de la loi du 13 juillet 1983 et loi du 2 février 2007) ;
- le droit de participation permet à tout agent de participer à la vie de la collectivité (instances paritaires) afin de représenter les agents ;

En tant que citoyens, les fonctionnaires jouissent des libertés publiques, mais avec des limitations pour certaines :

- la liberté d'opinion (article 6 de la loi du 13 juillet 1983) : elle doit cependant se concilier avec l'obligation de neutralité des agents dans leur service ;
- la liberté d'expression : le fonctionnaire peut s'exprimer librement, mais doit respecter l'obligation de réserve ;
- le droit syndical (article 8 de la loi du 13 juillet 1983) ;
- le droit de grève : reconnu lui aussi en 1946.

39. En quoi consiste la protection fonctionnelle ?

Lorsqu'un fonctionnaire est victime de violences ou d'outrages dans l'exercice de ses fonctions, l'administration doit utiliser tous les moyens nécessaires pour faire cesser ces troubles, y compris des poursuites pénales.
Un auxiliaire de puériculture qui aurait été frappé ou insulté par un parent lors de l'accueil du matin pourrait demander à sa collectivité une protection. Cela signifie que la collectivité doit, par exemple, prendre en charge les frais médicaux et juridiques liés à cette affaire.
Source : Article 11 de la loi du 13 juillet 1983.

40. En quoi consiste le droit syndical ?

Le droit syndical permet à tout agent public de se syndiquer ou de ne pas se syndiquer. S'il choisit de se syndiquer, il bénéficie d'une totale liberté concernant le choix de son syndicat.

41. En quoi consiste le droit de grève ?

Tout agent public, sauf exception (policiers, militaires magistrats judiciaires), bénéficie du droit de grève. Cela signifie qu'il peut faire grève dans le respect des délais de préavis. L'appartenance à un syndicat n'est pas obligatoire pour faire grève.

42. Quelles sont les principales obligations d'un fonctionnaire ?

En qualité d'agent public, le fonctionnaire est soumis à certaines obligations :

- la discrétion professionnelle ;
- l'information au public ;
- la mise en œuvre des tâches confiées ;
- l'obéissance hiérarchique ;
- la réserve ;
- le non-cumul des emplois et rémunérations ;
- le secret professionnel.

43. En quoi consiste l'obligation de discrétion professionnelle ?

« Les fonctionnaires doivent faire preuve de discrétion professionnelle pour tous les faits, informations ou documents dont ils ont connaissance dans l'exercice ou à l'occasion de l'exercice de leurs fonctions. En dehors des cas expressément prévus par la réglementation en vigueur, notamment en matière de liberté d'accès aux documents administratifs, les fonctionnaires ne peuvent être déliés de cette obligation de discrétion professionnelle que par décision expresse de l'autorité dont ils dépendent. »

Source : Loi n° 83634 du 13 juillet 1983, article 26.

Cela signifie qu'un agent ne doit pas communiquer des informations dont il a connaissance à l'occasion de son travail. Un agent commettrait une faute s'il divulguait à quiconque les revenus d'un foyer, les problèmes de santé d'un enfant...

44. En quoi consiste l'obligation d'effectuer les tâches confiées ?

« Tout fonctionnaire, quel que soit son rang dans la hiérarchie, est responsable de l'exécution des tâches qui lui sont confiées. Il n'est dégagé d'aucune des responsabilités qui lui incombent par la responsabilité propre de ses subordonnés. »

Source : Loi n° 83-634 du 13 juillet 1983, article 28.

Cela signifie qu'un agent n'a pas à choisir si une tâche lui convient ou non. De même, si un agent estime que ce n'est pas à lui d'effectuer une tâche mais à l'un de ses collègues, il ne peut pas utiliser cet argument, mais doit effectuer les tâches confiées.
Un auxiliaire de puériculture affecté à la tranche d'âge des bébés ne peut pas refuser d'animer un groupe des 2-3 ans. De même, un auxiliaire de puériculture ne peut pas refuser de participer à une sortie à la médiathèque au prétexte que cette tâche ne lui plairait pas.

45. En quoi consiste l'obligation d'obéissance hiérarchique ?

« [Le fonctionnaire] doit se conformer aux instructions de son supérieur hiérarchique, sauf dans le cas où l'ordre donné est manifestement illégal et de nature à compromettre gravement un intérêt public. »

Source : Loi n° 83-634 du 13 juillet 1983, article 28.

Le refus d'obéissance équivaut à une faute professionnelle.
Comme tout agent, un auxiliaire de puériculture doit obéir à son supérieur hiérarchique même si l'ordre donné ne lui plaît pas. Si un agent reçoit un ordre illégal (humilier un enfant, utiliser des produits illégaux), il doit refuser de l'exécuter. Tout agent peut également exercer son droit de retrait en cas de danger grave et imminent pour sa vie et sa santé.

46. En quoi consiste l'obligation de réserve ?

L'obligation de réserve est complexe. Elle varie d'intensité en fonction de critères divers (place du fonctionnaire dans la hiérarchie, circonstances dans lesquelles il s'est exprimé, modalités et formes de cette expression). La réserve n'a pas trait uniquement à l'expression des opinions. Elle impose au fonctionnaire d'éviter, en toutes circonstances, les comportements portant atteinte à la considération du service public par les usagers.

> **EXEMPLE**
>
> Un auxiliaire de puériculture n'a pas à s'exprimer en public pour insulter le maire, sa hiérarchie.

47. En quoi consiste le régime de cumul d'activités dans la fonction publique ?

Les agents publics sont soumis à un principe d'exclusivité leur interdisant l'exercice d'une activité professionnelle en dehors de leur emploi dans l'administration. Certaines dérogations existent à ce principe.

Le régime de cumul d'activités est régi par des textes de 2007 et 2011. Tout en maintenant l'interdiction de cumul avec une activité privée lucrative, la nouvelle réglementation a assoupli les possibilités de dérogation pour l'exercice d'activités accessoires.

> **EXEMPLE**
>
> Un auxiliaire de puériculture peut faire des petits ménages chez un particulier en supplément de son activité de fonctionnaire. Il peut s'occuper d'enfants (baby-sitting) pendant le week-end ou ses congés. Dans ce cas, une autorisation préalable est obligatoire et cette activité accessoire ne doit pas nuire à son activité de fonctionnaire.

48. En quoi consiste le secret professionnel ?

> « Les fonctionnaires sont tenus au secret professionnel dans le cadre des règles instituées dans le code pénal. »
>
> *Source : Loi n° 83-634 du 13 juillet 1983, article 26.*

Les fonctionnaires sont donc tenus au secret professionnel visé par le Code pénal en tant que dépositaires de renseignements concernant ou intéressant des particuliers, à moins que les nécessités du service ou des obligations légales ne leur imposent la communication des informations dont ils ont eu connaissance dans l'exercice ou à l'occasion de l'exercice de leur fonction.

EXEMPLE

Un auxiliaire de puériculture doit dénoncer des violences ou des maltraitances commises sur un mineur. En revanche, il ne doit pas divulguer à un parent la pathologie d'un autre enfant accueilli dans la crèche.

49. Quelles sont les sanctions existantes dans la fonction publique territoriale ?

Les sanctions disciplinaires applicables dans la fonction publique territoriale sont limitativement énumérées dans des textes. Il existe quatre groupes de sanctions.
Dans les sanctions du 1er groupe, il y a :

- l'avertissement ;
- le blâme ;
- l'exclusion temporaire des fonctions pour une durée maximale de 3 jours.

Dans les sanctions du 2e groupe, on trouve :

- l'abaissement d'échelon ;
- l'exclusion temporaire des fonctions pour une durée de 4 à 15 jours.

Dans les sanctions du 3e groupe, il y a :

- la rétrogradation ;
- l'exclusion temporaire des fonctions pour une durée de 16 jours à 2 ans.

Enfin, les sanctions du 4e groupe regroupent les sanctions les plus graves :

- la mise à la retraite d'office ;
- la révocation.

L'agent, poursuivi pour faute, a le droit d'avoir communication de son dossier. Dans certains cas, un conseil de discipline doit être convoqué. La loi de 2019 a transformé le pouvoir disciplinaire.

50. Quels sont les pouvoirs du maire ?

Le maire est l'autorité compétente pour prendre et faire respecter les mesures nécessaires au maintien de l'ordre, de la sécurité, de la tranquillité et de la salubrité publics sur le territoire de la commune. Il est chargé, sous le contrôle administratif du représentant de l'État dans le département, de la police municipale, de la police rurale ainsi que de l'exécution des actes de l'État qui y sont relatifs. Il agit, également, en qualité d'officier de police judiciaire..

51. Quelle est l'évolution prévue pour les instances représentatives du personnel ?

La loi du 6 août 2019 de transformation de la fonction publique modifie les instances représentatives du personnel (CAP, comités techniques, CHSCT) et des lignes directrices de gestion sont instaurées.
Les attributions des CAP, composées de représentants de l'administration et du personnel, sont recentrées sur l'examen des décisions individuelles défavorables aux agents (refus de titularisation ou de formation ou de temps partiel, discipline, etc.).

Les CT et les CHSCT sont réorganisés sur le modèle de la réforme adoptée en septembre 2017 dans le secteur privé. Ils sont fusionnés en une instance unique : le comité social. Cette réorganisation doit permettre « *de remédier à la difficulté d'articulation actuelle des compétences entre les CT et les CHSCT, en particulier en matière de réorganisation de services* » (www.viepublique.fr).

Les comités sociaux, qui doivent être mis en place en 2022 à l'issue des prochaines élections professionnelles dans la fonction publique, auront à connaître de nombreuses questions, notamment :

- le fonctionnement et l'organisation des services ;
- l'accessibilité des services et la qualité des services rendus ;
- l'égalité professionnelle ;
- la protection de la santé, l'hygiène et la sécurité des agents ;
- les orientations stratégiques sur les politiques de ressources humaines ;
- les lignes directrices de gestion (LDG) en matière de mutation, de mobilité, de promotion interne et d'avancement de grade des agents.

Les lignes directrices de gestion, qui permettront de déterminer la gestion prévisionnelle des emplois et des compétences (GPEC), seront adoptées par chaque administration employeur après avis du comité social. Elles seront communiquées aux agents. Leur mise en œuvre fera l'objet d'un bilan devant le comité social, sur la base des décisions individuelles prononcées.

Source : www.viepublique.fr.

52. En quoi consiste la hiérarchie des normes ?

La hiérarchie des normes est un principe selon lequel chaque texte doit respecter les normes qui lui sont supérieures. Par exemple, un arrêté doit respecter les règles des décrets et lois.

On retrouve donc dans la hiérarchie des normes :

- le droit international ;
- le droit européen (directives, règlement, etc.) ;
- le droit français (Constitution, lois, décrets, arrêtés, circulaires).

53. À quoi sert le CNFPT (Centre national de la fonction publique territoriale) ?

Le CNFPT est un établissement public, paritaire et déconcentré qui intervient dans la formation et l'emploi des agents de la fonction publique territoriale. Le CNFPT propose un large éventail de dispositifs de formations, au plus près des besoins, des problèmes et des réalités professionnelles vécues par ses agents de la fonction publique.

Il propose divers types de formations :

- la formation d'intégration, première étape de la construction du parcours professionnel, et condition de la titularisation. Elle a pour objectif de sensibiliser l'agent à son nouvel environnement professionnel ;
- la préparation aux concours et aux examens professionnels vise à réactualiser les connaissances du stagiaire, à lui apporter une méthodologie, des ressources, et à l'entraîner avant l'épreuve ;
- les formations de professionnalisation ou réglementées permettent aux agents de perfectionner leurs connaissances dans un domaine lié à leur métier :
  - la validation des acquis de l'expérience (VAE) donne la possibilité aux agents d'obtenir une certification fondée sur leur expérience et la reconnaissance des compétences acquises tout au long de leur carrière. La VAE s'applique à l'ensemble des diplômes professionnels, titres professionnels et certificats de qualification enregistrés au Répertoire national des certifications professionnelles (RNCP) qui inventorie l'ensemble des certifications ayant une valeur officielle à l'échelle nationale. La démarche pour son obtention est individuelle et volontaire,
  - le bilan de compétences est un droit reconnu à tous les agents territoriaux, titulaires ou non, ayant dix ans de services effectifs, consignés sur le livret individuel de formation (LIF).

Le CNFPT apporte une expertise de conseil à la fois aux agents et aux collectivités.

Source : Site du CNFPT.

54. En quoi consiste le CPF (compte personnel de formation) ?

Chaque agent bénéficie d'un crédit annuel d'heures de formation professionnelle, appelé compte personnel de formation (CPF, anciennement droit individuel à la formation – DIF), qu'il peut utiliser pour accomplir certaines formations. Le CPF s'adresse à tous.

Le CPF permet à un agent public d'accéder à toute action de formation relative :

- à l'acquisition d'un diplôme, d'un titre, d'un certificat de qualification professionnelle ;
- ou au développement des compétences nécessaires à la mise en œuvre de son projet d'évolution professionnelle.

Chaque agent bénéficie d'un crédit d'environ 25 heures par an pour réaliser des formations, avec un plafond de 150 heures. Le CPF est utilisé à la seule initiative de l'agent, en accord avec son administration. Lorsque la formation est accomplie pendant le temps de service, la rémunération de l'agent est maintenue.

55. Comment se déroule la carrière d'un agent dans la fonction publique territoriale ?

La carrière du fonctionnaire est composée de différentes étapes, qu'il pourra franchir au fur et à mesure de son évolution professionnelle. Tout nouvel agent qui entre dans la fonction publique territoriale (suite notamment à la réussite à un concours) est nommé stagiaire dans son grade et doit accomplir un stage, d'une durée variable en fonction du grade (en général d'environ un an), au terme duquel trois possibilités existent :

- soit l'intéressé est titularisé dans son grade ;
- soit le stage peut être prolongé après avis de la commission administrative paritaire et si le stagiaire n'a pas suffisamment fait ses preuves pendant la période ;
- soit l'agent peut être licencié en cours ou au terme de son stage, après avis de la même instance paritaire.

À l'issue de la période de stage, l'agent est titularisé. Il s'agit alors de la 1re étape du déroulement de carrière du fonctionnaire territorial. Chaque grade comporte plusieurs échelons. Le changement d'échelon intervient régulièrement pendant toute la carrière de l'agent. À chaque échelon correspond un indice. L'indice est calculé en fonction d'une valeur de point fixée par le législateur.

Chaque changement d'échelon se traduit donc pour l'agent par une augmentation du traitement (parfois minime, parfois importante). Le fonctionnaire a ensuite la possibilité d'évoluer en changeant de grade. Le changement de grade peut se faire par concours, examen, promotion interne, selon le cas. Il n'est pas systématique.

56. Comment se traduit l'obtention d'un concours dans la fonction publique territoriale ?

Dans la fonction publique territoriale, l'obtention d'un concours par un candidat ne signifie pas une nomination automatique. En effet, le titulaire du concours est inscrit sur une liste d'aptitude et c'est à lui de chercher un poste. Son concours est valable dans toute la France pour une durée de deux ans, renouvelable deux fois un an.

Le lauréat d'un concours peut donc postuler dans les collectivités de son choix. Il ne peut donc pas être recruté d'office dans une collectivité qu'il n'a pas choisie. S'il travaille déjà dans une collectivité ou un établissement public, il n'est pas automatiquement nommé. En effet, l'employeur conserve une totale liberté pour créer ou non un poste et nommer ou non l'agent concerné.

57. Comment est voté un budget ?

Le budget est proposé par l'exécutif et voté par l'assemblée délibérante. Il n'existe véritablement qu'un seul budget, mais il peut se présenter en plusieurs documents. En effet, le budget primitif est tout d'abord voté et énonce aussi précisément que possible l'ensemble des recettes et des dépenses pour l'année. Mais en cours d'année, des budgets supplémentaires ou rectificatifs sont nécessaires afin d'ajuster les dépenses et les recettes aux réalités de leur exécution. De plus, des budgets annexes retracent les recettes et les dépenses de services particuliers.

Les décisions modificatives peuvent intervenir en cours d'année. Ce sont des délibérations qui viennent modifier les autorisations budgétaires initiales tout en respectant l'équilibre.

58. Quels sont les principes budgétaires ?

Il existe six grands principes budgétaires qui régissent les finances publiques.

Les principes classiques sont :

- le principe d'unité budgétaire ;
- le principe d'annualité budgétaire ;
- le principe de spécialité budgétaire ;
- le principe d'universalité budgétaire (non-compensation et non-affectation) ;
- le principe d'équilibre budgétaire.

La loi de finances a introduit un nouveau principe : celui de sincérité budgétaire.

Le principe d'unité recouvre deux règles :

- la règle de l'unité, qui exige que le budget de l'État soit retracé dans un document unique (la loi de finances). Il s'agit ainsi d'assurer aux parlementaires une bonne lisibilité du budget, et donc un contrôle effectif sur les finances de l'État ;
- la règle de l'exhaustivité, selon laquelle la loi de finances doit prévoir et autoriser l'ensemble des recettes et des charges de l'État.

Le principe d'annualité signifie que le budget de l'État doit être voté chaque année (annualité du vote du budget et de l'autorisation de percevoir les impôts). En France, l'exercice budgétaire coïncide avec l'année civile : l'exécution des dépenses et des recettes doit s'effectuer entre le 1er janvier et le 31 décembre de chaque année.

Le principe de spécialité signifie que le montant et la nature des opérations prévues par la loi de finances doivent être précisés.

Les crédits sont ouverts de manière détaillée, spécialisés par programme et sont tous rattachés à une destination spécifique, qui ne doit pas être dénaturée.

Le principe d'universalité se décompose en deux règles :

- la règle de non-compensation, qui interdit la compensation des dépenses et des recettes. Ainsi, il n'est pas possible de soustraire certaines dépenses de certaines recettes et de soustraire des recettes de certaines dépenses pour ne présenter que le solde des opérations ainsi « compensées » ;
- la règle de non-affectation, qui interdit l'affectation d'une recette à une dépense déterminée. Elle implique de verser toutes les recettes dans une caisse unique.

L'État n'a pas l'obligation de voter un budget en équilibre. Les collectivités ont l'obligation d'adopter – et, en théorie, d'exécuter – leurs budgets en équilibre. Cela veut dire, concrètement, que le montant des recettes et celui des dépenses doivent être identiques. La section de fonctionnement doit avoir un solde nul ou positif. Il en est de même pour la section d'investissement.
Le principe de sincérité budgétaire est issu du droit comptable privé. Il implique l'exhaustivité, la cohérence et l'exactitude des informations financières fournies par l'État. Ce principe signifie qu'il ne faut pas majorer artificiellement une recette et ne pas minimiser artificiellement une dépense pour équilibrer le budget.
Source : www.collectivités-locales.gouv.fr.

59. Qu'appelle-t-on le principe de légalité ?

Les actes des collectivités territoriales doivent être publiés et/ou notifiés aux intéressés. Pour devenir exécutoires, certains actes doivent également être transmis au préfet, représentant de l'État dans le département ou la région (ou au sous-préfet de l'arrondissement). On appelle cela le principe de légalité.
Si des irrégularités sont relevées, le préfet peut adresser à la collectivité ou à l'établissement public un recours gracieux dans un délai de deux mois à compter de la réception de l'acte, en précisant la ou les illégalités dont l'acte est entaché et en demandant sa modification ou son retrait. Si la collectivité ne réserve pas une suite favorable au recours gracieux (refus ou rejet implicite), le préfet peut déférer au tribunal administratif l'acte qu'il estime illégal. Il dispose en la matière d'un pouvoir d'appréciation.
Pour information, avant 1982, les collectivités étaient soumises à un principe de tutelle.
Source : www.collectivités-locales.gouv.fr.

60. En quoi consiste un marché public ?

L'achat public se définit par le fait, pour une administration (État, collectivités territoriales, hôpitaux), d'acquérir ou d'obtenir des travaux, des fournitures ou des services à titre onéreux dans le respect du Code des marchés publics. La passation d'un marché public est soumise à des règles de procédure et à des règles de publicité.
La procédure dépend de divers critères :

- la valeur de l'achat ;
- l'objet de l'achat (travaux, fournitures, services).

Il s'agit de mettre en concurrence les prestataires intéressés pour obtenir le meilleur rapport qualité/prix lié à la demande de la collectivité.

61. Comment appelle-t-on les décisions des organes délibérants ?

Les organes délibérants (conseils municipaux, intercommunaux, départements, etc.) prennent des délibérations. Les exécutifs (maires, présidents) prennent des arrêtés. Ces actes administratifs peuvent faire l'objet de recours devant les juridictions administratives.

62. Comment est votée une loi ?

1. **L'initiative** : l'initiative de la loi appartient à la fois au gouvernement et aux parlementaires (députés et sénateurs). Le gouvernement prépare des projets de loi et les parlementaires des propositions de loi.
2. **Le dépôt** : les projets et propositions de loi doivent être examinés par les deux chambres du Parlement. Le dépôt d'un projet de loi peut s'effectuer indifféremment, sauf dans des cas spécifiques prévus par la Constitution, au bureau de l'Assemblée nationale ou du Sénat. En revanche, une proposition de loi doit être déposée obligatoirement sur le bureau de l'assemblée du parlementaire qui en est auteur.
L'article 40 de la Constitution dispose, en ce qui concerne les parlementaires : « *Les propositions et amendements formulés par les membres du Parlement ne sont pas recevables lorsque leur adoption aurait pour conséquence soit une diminution des ressources publiques, soit la création ou l'aggravation d'une charge publique.* »
Depuis la révision constitutionnelle du 23 juillet 2008, les projets de loi doivent répondre à certaines conditions de présentation, définies par la loi organique du 15 avril 2009. Ainsi, lors de leur dépôt, ils doivent être accompagnés d'une étude d'impact.
3. **L'examen de la première assemblée** : le texte est d'abord examiné par la commission parlementaire compétente pour le domaine concerné par la future loi. Elle désigne un rapporteur qui étudie le texte et qui rédige un rapport. Il peut, comme les autres membres de la commission, proposer des modifications au texte de la future loi. Ce sont des amendements. Le rapport est ensuite adopté par la commission.
4. **Le vote de la première assemblée** : le projet ou la proposition de loi, après inscription à l'ordre du jour, peut être examiné par la première assemblée où il a été déposé (Assemblée nationale ou Sénat) à l'issue d'un délai minimal de six semaines après son dépôt. La révision constitutionnelle de juillet 2008 a institué un partage de l'ordre du jour, qui est fixé par chaque assemblée, ce qui conditionne l'examen des textes. Selon le cas, les députés ou les sénateurs votent d'abord pour chaque article et amendement, avant de voter sur l'ensemble du texte. Une fois adopté, le texte est transmis à la seconde assemblée. Au Sénat, certains textes peuvent être examinés selon la procédure de législation en commission. Dans ce cas, le droit d'amendement ne peut s'exercer qu'en commission. La séance plénière est alors consacrée aux explications de vote et au vote.
5. **La navette entre les deux assemblées** : la seconde assemblée examine le texte selon les mêmes règles, après un délai de quatre semaines après sa transmission (15 jours si le gouvernement engage la procédure accélérée). Des amendements peuvent aussi être votés. Le texte modifié doit alors repartir vers la première assemblée pour être à nouveau examiné. Pendant cette phase de va-et-vient, dite de navette, entre Assemblée nationale et Sénat, seuls les articles modifiés sont étudiés.
6. **L'adoption** : le projet, ou la proposition de loi, est réputé adopté lorsqu'il est voté dans les mêmes termes par les deux assemblées. En cas de désaccord, le gouvernement peut convoquer une commission mixte paritaire. Cette procédure est enclenchée après deux lectures du texte par chaque assemblée, sauf si le gouvernement a engagé la procédure

accélérée. Dans ce dernier cas, la réunion de la commission intervient après une seule lecture. La commission mixte paritaire (CMP) est composée de sept députés et de sept sénateurs qui doivent proposer un texte commun voté ensuite par chaque assemblée. En cas d'échec, une nouvelle lecture du texte a lieu dans les deux assemblées, et le gouvernement peut donner le dernier mot à l'Assemblée nationale, qui tire un surcroît de légitimité de son élection au suffrage universel direct. À ce stade, toute décision prise est définitive, que le texte soit adopté ou rejeté.

7. **La promulgation** : le texte adopté à l'issue de l'examen parlementaire est ensuite promulgué par le président de la République dans les 15 jours. Pendant ce délai, le président peut demander un nouvel examen du texte et le Conseil constitutionnel peut être saisi pour vérifier qu'il n'est pas contraire à la Constitution. La loi promulguée entre en vigueur après sa publication au *Journal officiel*, et des décrets d'application permettent sa mise en œuvre.

Source : www.vie-publique.fr.

63. Que signifie la décentralisation ?

C'est un processus d'aménagement de l'État unitaire qui consiste à transférer des compétences de l'État vers des entités (ou des collectivités) locales distinctes de lui. Cela signifie que certaines compétences de l'État sont transférées aux collectivités. Les collectivités bénéficient de la personnalité morale et de l'autonomie financière.

La France est un État décentralisé depuis 1982. Cette décentralisation a été renforcée en 1992 (loi ATR), notamment la loi du 7 août 2015 (loi NOTRe). La loi du 2 mars 1982 a transformé le contrôle de tutelle exercé sur les collectivités territoriales en un contrôle de légalité pouvant être exercé notamment à l'initiative du préfet, et consistant désormais en la saisine du juge administratif. Le principe de la décentralisation est affirmé dans l'article 1er de la Constitution.

> **ATTENTION**
>
> **La décentralisation est le contraire de la centralisation et non de la déconcentration (définie dans la réponse 64).**

Source : www. vie-publique.fr.

64. En quoi consiste la déconcentration ?

La déconcentration est un processus d'aménagement de l'État unitaire qui consiste à implanter dans des circonscriptions locales administratives des autorités administratives représentant l'État. Ces autorités n'ont pas d'autonomie, ni de personnalité morale. Elles dépendent du pouvoir central.

Les préfectures, les académies, les directions départementales sont des organes déconcentrés. Les autorités déconcentrées sont soumises au contrôle hiérarchique de l'État qui dispose à leur égard, d'une part, du pouvoir disciplinaire permettant la sanction, la suspension ou la révocation, et, d'autre part, du pouvoir d'approbation, d'annulation ou de substitution de leurs actes.
Source : www.vie-publique.fr.

65. Quels sont les grands textes importants dans la fonction publique ?

Les principales dates de l'histoire de la fonction publique sont les suivantes :

- la loi du 19 octobre 1946 instituant le premier statut de la fonction publique ;
- l'ordonnance du 4 février 1959 ;
- la loi du 2 mars 1982 relative aux droits et libertés des communes, des départements et des régions, qui constitue, avec la quarantaine de lois d'accompagnement, l'« acte I » de la décentralisation. On peut notamment citer la loi du 13 juillet 1983 relative aux droits et obligations des fonctionnaires et les trois textes concernant respectivement la fonction publique de l'État (loi du 11 janvier 1984), la fonction publique territoriale (loi du 26 janvier 1984) et la fonction publique hospitalière (loi du 9 janvier 1986) ;
- la loi du 6 février 1992 (loi ATR) relative à l'administration territoriale de la République, renforçant la décentralisation, la déconcentration et la coopération locale ;
- la loi constitutionnelle du 8 juillet 1999, et loi du 6 juin 2000, complétée par la loi du 11 avril 2003 sur la parité et l'égal accès des femmes et des hommes aux mandats électoraux et fonctions électives ;
- la loi constitutionnelle du 28 mars 2003, dite « acte II » de la décentralisation, et lois d'application ;
- la loi du 16 décembre 2010 de réforme des collectivités territoriales ;
- la loi du 27 janvier 2014 sur la modernisation de l'action publique territoriale et d'affirmation des métropoles (MAPTAM) ;
- la loi du 7 août 2015 portant nouvelle organisation territoriale de la République (NOTRe) ;
- la loi du 7 août 2019 de transformation de la fonction publique.

Un projet de loi « 4D », pour décentralisation, différenciation, déconcentration et décomplexification, est à l'étude et a pour ambition de répondre aux attentes concrètes des élus locaux. Il offre des réponses et des outils pour mettre en œuvre les politiques publiques dans les territoires, sur des thèmes comme le logement, la transition écologique, la santé ou encore la mobilité.

PARTIE II

La connaissance des publics

23 questions

1 Les enfants de 0 à 3 ans

Les besoins des enfants de à 0 à 6 ans sont très différents. Le rôle de l'auxiliaire de puériculture est également très important auprès des parents.

Questions

66. Quelles sont les principales étapes du développement de 0 à 3 mois ?
67. Quelles sont les principales étapes du développement de 3 à 6 mois ?
68. Quelles sont les principales étapes du développement de 6 à 9 mois ?
69. Quelles sont les principales étapes du développement de 9 à 12 mois ?
70. Quelles sont les principales étapes du développement de 1 an à 3 ans ?
71. Quels sont les besoins des enfants âgés de 0 à 3 ans ?
72. Quelles activités un auxiliaire de puériculture peut-il proposer à des enfants âgés de 0 à 3 ans ?
73. Quels sont les besoins en sommeil d'un enfant âgé de 0 à 3 ans ?
74. Quelle est l'alimentation pour un enfant de 0 à 3 ans ?
75. Comment bien préparer un biberon ?
76. Que signifie l'expression « sourire aux anges » ?

Réponses

66. Quelles sont les principales étapes du développement de 0 à 3 mois ?

Le développement psychomoteur comprend le développement psychique (intellectuel, comportemental, sensoriel, affectif) de l'enfant et son développement moteur (posture, motricité, coordination).

À la naissance, le cerveau du nouveau-né n'est pas encore à maturité. De nombreux éléments vont influencer son développement : l'hérédité, l'environnement, la qualité des relations de l'enfant avec son entourage...

Au cours du 1er mois, le bébé distingue les contrastes. Il est sensible aux sons et reconnaît l'odeur de ses parents. Il commence à fixer son regard. Il communique dans ses phases d'éveil. À 1 mois, il ne sait pas tenir sa tête. Il a le réflexe de succion, de « marche automatique » et de *grasping* (il serre les doigts).

Au cours du 2e mois, le bébé commence à émettre quelques vocalises pour exprimer son plaisir. Il manifeste sa joie en agitant bras et jambes. Il est capable de sourire et de fixer des yeux, en réponse à un individu. Il est attiré par les contrastes.

Vers 3 mois, les mouvements réflexes diminuent pour laisser place à des mouvements volontaires, toujours un peu incontrôlés. Il commence à tenir sa tête droite lorsqu'il est tenu dans les bras en position assise, maintenu par un adulte. Les périodes d'éveil sont de plus en plus fréquentes. Cela permet donc à l'enfant de s'intéresser davantage à son environnement. Il découvre son corps et regarde ses mains, gazouille pour attirer l'attention.

Pendant le 1er trimestre, le bébé a besoin de contacts et d'un cadre sécurisé.

67. Quelles sont les principales étapes du développement de 3 à 6 mois ?

À 4 mois, le bébé est capable de tenir sa tête droite et d'orienter son regard dans toutes les directions. Certains enfants semblent être atteints de strabisme (passager). Le jeune enfant aime qu'on reproduise des mimiques. Il gazouille de plus en plus, seul pour découvrir sa voix ou pour attirer l'attention des individus qui l'entourent. Il est capable de rouler du dos sur le côté. Il faut donc être vigilant lors du change. Il se touche pour découvrir son corps. Il sera bientôt capable d'attraper un objet.

À 5 mois, il pédale avec les jambes et agite les bras de façon de plus en plus coordonnée. Le bébé développe sa « préhension volontaire ». Il se saisit des objets qui sont à sa portée. Il peut les porter à la bouche, les agiter, les frapper... Il sourit à son reflet dans le miroir. Il est maintenant capable de se « retourner » rapidement. Il essaie d'imiter le monde qui l'entoure.

À 6 mois, le bébé tient assis avec un appui dans le dos. Souple, il peut amener des objets des pieds aux mains et à la bouche. Il sait passer de la position ventrale à la position dorsale et inversement. Il essaie de se redresser quand il a les jambes tendues. Il peut tenir un cube dans chaque main ou passer un cube d'une main à l'autre, mais ne les suit pas longtemps du regard si on les lui retire ou s'il les laisse tomber. Le bébé s'exprime de plus en plus et forme des syllabes (*ma – da – pa*).

68. Quelles sont les principales étapes du développement de 6 à 9 mois ?

Entre 7 et 9 mois, le bébé a développé son tonus musculaire et peut désormais se tenir assis, seul. Le bébé est alors libre de jouer, de se pencher vers l'avant et de pivoter sur ses fesses, de façon tout à fait volontaire et contrôlée. Certains enfants se déplacent dans cette position.

Le langage commence par la communication non verbale (signe pour dire « au revoir » ou hochement de tête pour remercier). L'enfant babille (une puis deux syllabes).

Le jeune enfant développe également sa motricité fine en étant capable de saisir un objet avec la pince pouce-index. L'enfant est capable de désigner avec un doigt un objet qu'il désire. Il imite l'adulte. La notion de « permanence de l'objet » (selon cette définition, l'« objet » désigne aussi bien une personne qu'un objet proprement dit) apparaît classiquement à cet âge.

Entre 8 et 12 mois, l'enfant sera capable de trouver un objet entièrement caché. Par conséquent, la peur de la séparation apparaît à cet âge. L'enfant devra donc être rassuré.

69. Quelles sont les principales étapes du développement de 9 à 12 mois ?

Entre 10 et 12 mois, le tonus musculaire s'est renforcé, permettant ainsi au bébé de commencer à se tenir debout seul. Cette position debout ne doit pas être forcée par l'adulte. L'enfant commence à « caboter » (aller d'un point à un autre sans appui en deux à trois pas).

Les premiers « mots » apparaissent entre 9 et 12 mois, souvent sous forme de bruitages (la voiture, le camion, les pompiers…), ou sous forme de mots mono ou bi-syllabiques. Le bébé commence à s'approprier les objets et les gestes de la vie quotidienne : la cuillère, le verre, le savon…

À 12 mois, il « danse » quand il entend de la musique, transvase, manipule, ouvre/ferme, pointe du doigt.

70. Quelles sont les principales étapes du développement de 1 an à 3 ans ?

Après l'acquisition de la marche, le développement du langage et de la motricité fine va prendre toute sa dimension. L'enfant va apprendre de nouveaux mots et mettre en œuvre sa mémoire. Il apprend petit à petit à se situer dans l'espace, à développer sa conscience pratique, etc.

À partir de 12 mois, l'enfant va expérimenter pour comprendre les effets et conséquences. D'un point de vue moteur, l'enfant est de plus en plus précis dans les gestes : il prend les choses de manière de plus en plus précise. Il commence à courir. Il prend conscience qu'il est une personne.

71. Quels sont les besoins des enfants âgés de 0 à 3 ans ?

L'enfant de 0 à 6 ans se caractérise par diverses caractéristiques :

- l'apprentissage de l'autonomie ;
- la construction du langage ;
- la construction de sa personnalité ;
- la croissance physiologique ;
- la découverte du monde et des autres ;
- le besoin de sécurité.

On peut également classer les besoins de l'enfant en trois classes :

- les besoins vitaux (repos, alimentation, se dépasser, se dépenser, sécurité) ;
- les besoins sociaux (découverte des autres, socialisation, autonomie) ;
- les besoins psychologiques (affirmation de soi, imitation, interdits).

Ces caractéristiques nécessitent de la part de l'adulte un comportement adapté. Afin de favoriser l'autonomie, l'adulte doit aider l'enfant à faire lui-même des gestes adaptés à son développement, lui montrer l'exemple, éviter de faire les choses à la place de l'enfant, respecter son rythme, fixer des objectifs atteignables. Dans la phase de construction du langage, l'adulte veille à utiliser un vocabulaire adapté (ni trop enfantin ni trop complexe), à favoriser la parole de l'enfant et à l'écouter.

L'enfant est en pleine période de croissance. L'adulte doit donc proposer des activités adaptées pendant lesquelles l'enfant pourra se dépenser. Les repas doivent prendre en compte ses besoins énergétiques. L'hygiène alimentaire, l'intimité doivent être respectées.

Jusqu'à 2 ans, l'enfant apprend par expérimentation. L'enfant est curieux et découvre le monde qui l'entoure. L'adulte veille à lui apporter une vision large du monde et à lui faire découvrir diverses cultures, diverses pratiques artistiques ou sportives afin d'ouvrir son esprit.

72. Quelles activités un auxiliaire de puériculture peut-il proposer à des enfants âgés de 0 à 3 ans ?

Les enfants de 0 à 3 ans découvrent l'univers qui les entoure. L'auxiliaire de puériculture peut proposer un large panel d'activités d'éveil : manipulation, musique, comptines, etc.

L'auxiliaire de puériculture doit veiller à :

- proposer des activités brèves, car le temps de concentration du jeune enfant est court ;
- proposer des activités en respectant le rythme de l'enfant (sieste, temps calme, etc.) ;
- adapter son activité aux capacités motrices du jeune enfant (coordination des mouvements, etc.) ;
- adapter son activité (l'enfant ne sait pas encore lire, découper, se décourage facilement, etc.) ;
- laisser du temps libre (jeux symboliques, etc.).

73. Quels sont les besoins en sommeil d'un enfant âgé de 0 à 3 ans ?

Un sommeil de qualité favorise le développement de l'enfant et l'aide dans ses apprentissages. Le manque de sommeil peut entraîner de graves conséquences sur la santé.
Le nombre suffisant d'heures de sommeil varie d'un enfant à l'autre.

- **Entre 0 et 3 mois** : à la naissance, le bébé dort en moyenne entre 16 et 20 heures par jour. Il se réveille en général toutes les 3 heures, principalement pour se nourrir, comme lorsqu'il était dans le ventre de sa mère. De ce fait, il a besoin de trois à quatre siestes de 2 heures par jour pour pouvoir combler tous ses besoins (deux le matin et deux l'après-midi). Pendant le sommeil, l'enfant grandit, développe ses connexions neuronales et son système immunitaire.
- **Entre 4 et 6 mois** : le bébé dort toujours énormément, parfois encore jusqu'à 16 heures par jour. Il commence à faire la distinction entre le jour et la nuit. Cela va lui permettre de passer de quatre siestes à trois siestes par jour (une le matin, une en début d'après-midi et une en fin d'après-midi).
- **Entre 6 mois et 2 ans** : Entre 6 mois et 2 ans, le bébé va dormir de moins en moins. Vers 1 an, il dormira environ 14 heures par jour. Il fera toujours trois siestes la journée, puis passera progressivement à deux siestes par jour autour de l'âge de 2 ans (une le matin et une l'après-midi).
- **Entre 2 et 3 ans** : à partir de 2 ans, le jeune enfant va dormir entre 12 et 13 heures par jour. Il fera deux siestes par jour, puis plus qu'une l'après-midi à partir de l'âge de 3 ans pendant encore 1 an à 18 mois.

74. Quelle est l'alimentation pour un enfant de 0 à 3 ans ?

Qu'il soit maternel ou donné au biberon, le lait constitue l'aliment essentiel et unique du bébé, depuis sa naissance jusqu'à l'âge de 6 mois.
Entre 4 et 6 mois, l'enfant découvre la diversification alimentaire. Au lait, s'ajoutent progressivement les légumes, les fruits, la viande, les féculents… C'est une étape importante du développement de l'enfant. La diversification alimentaire consiste à introduire des aliments autres que le lait (aliments solides) dans l'alimentation du nourrisson allaité ou recevant du lait pour nourrissons. Elle conduit progressivement à une alimentation familiale vers l'âge de 1 à 2 ans.
Le lait doit rester la base de l'alimentation de l'enfant. Pour la diversification, il faut choisir des légumes bien tolérés par l'estomac du bébé : les haricots verts, les épinards, les courgettes sans pépins et sans peau, les blancs de poireau, les carottes. Les fruits peuvent être introduits, si besoin, dès les 4 mois révolus de l'enfant, traditionnellement après les légumes en raison de l'attrait des bébés pour le sucré.
La viande et le poisson sont introduits le plus souvent un peu après les légumes et les fruits (entre 6 et 8 mois). Ils sont des sources de fer utiles pour prévenir l'anémie par carence en fer, fréquente chez le nourrisson. La quantité est de 10 g maximum de viande ou poisson (soit 2 cuillères à café) ou 1/4 d'œuf dur, une fois par jour.

Au début, il faut mixer ou écraser finement tous ces aliments. Le contenu des petits pots pour nourrissons est équilibré. Il ne faut pas ajouter de sel. L'eau est la seule boisson nécessaire quand l'enfant a soif. En cas de chaleur ou de fièvre, il faut éviter la déshydratation. À partir de 6 mois, les farines peuvent être mélangées à un laitage ou à une soupe de légumes, en petites quantités. Elles fournissent de l'énergie. Dès 6 mois, il est également possible de proposer des pommes de terre cuites à la vapeur, moulinées et mélangées à une soupe de légumes. Pour les pâtes, le pain, la semoule de blé et les biscuits, le bébé pourra les apprécier en quantité modérée quand il fêtera ses 7 mois.
En structure petite enfance, les repas sont généralement préparés par un fournisseur. Néanmoins, un auxiliaire de puériculture doit connaître les principes généraux de l'alimentation du jeune enfant, notamment pour répondre aux questions des parents, le cas échéant.

75. Comment bien préparer un biberon ?

Pour faire un biberon, certaines règles de préparation et de conservation sont préconisées. Ces principes sont importants pour pouvoir donner un biberon bien dosé, à la bonne température. Ils empêchent aussi le développement des microbes dans le lait.
La plupart des laits infantiles se présentent sous forme d'une poudre non stérile, qui doit être mélangée à de l'eau. Une fois ouverte, la boîte de poudre se conserve environ un mois, bien refermée, dans un endroit frais et sec. Il existe aussi des laits liquides stériles, prêts à l'emploi. Après ouverture, ils doivent être consommés rapidement et conservés au réfrigérateur. L'eau utilisée doit être froide (pour limiter la contamination par des microbes) et faiblement minéralisée, non gazeuse et porter la mention « convient pour la préparation des aliments des nourrissons ».
Pour préparer un biberon, il faut respecter les étapes suivantes :

- nettoyer le plan de travail utilisé et se laver soigneusement les mains à l'eau et au savon. Sécher les mains avec un dispositif jetable ;
- vérifier la propreté des biberons, tétines et ustensiles employés. La cuillère-mesure (ou « dosette ») fournie avec la boîte de lait doit toujours rester sèche. Il faut aussi la jeter une fois terminée ;
- mettre la quantité d'eau nécessaire dans le biberon, selon l'âge et l'appétit de l'enfant ;
- plonger la dosette dans la boîte de lait et la remplir. Pour un dosage correct, il ne faut pas tasser la poudre, ni faire des doses bombées ;
- enlever le surplus de poudre. Pour éviter toute contamination par des bactéries, il ne faut pas réaliser ce geste avec le doigt ;
- mettre dans le biberon autant de poudre que nécessaire, en comptant une dose rase pour 30 ml d'eau ;
- lorsque toute la poudre est dans le biberon, il faut l'agiter fortement, afin de reconstituer le lait liquide. Enfin, il faut vérifier qu'il ne reste ni grumeaux ni poudre non diluée dans le fond.

Le lait peut être bu à température ambiante. Il n'est donc pas indispensable de chauffer le biberon avant de le donner, sauf s'il a été conservé au réfrigérateur. Dans tous les cas, le réchauffage doit être rapide pour que le lait n'atteigne pas plus de 37 °C. Il doit être effectué soit au bain-marie, soit au chauffe-biberon, mais jamais au four à micro-ondes. En effet, ce mode de réchauffage peut élever très fortement la température du lait, avec un risque important de brûlure du bébé. Après avoir chauffé le biberon, il faut l'agiter fortement pour obtenir une température homogène dans tout le liquide. Ensuite, il faut vérifier si le lait n'est pas trop chaud en versant quelques gouttes sur l'intérieur du poignet.

Une fois reconstitué, le lait infantile est très fragile et les microbes s'y multiplient rapidement. Le nettoyage du biberon est très important (biberon, tétine, bague, capuchon). Il ne faut pas utiliser de torchon, source de microbes. Un écouvillon ou « goupillon » (brosse allongée, montée sur un long manche) peut être utilisé. Le sens de séchage doit permettre d'égoutter les ustensiles.

Source : www.ameli.fr.

76. Que signifie l'expression « sourire aux anges » ?

Un bébé sourit dès les premières heures de sa vie. On dit qu'il sourit aux anges. Cela manifeste du bien-être. Petit à petit, ce sourire se transformera en un sourire intentionnel. Le bébé recherchera un sourire en retour. Il est donc important de manifester son émotion positive auprès du jeune enfant, qui agit essentiellement par mimétisme.

2 Les enfants de 3 à 6 ans

Questions

77. Quelles sont les principales étapes du développement moteur de 3 à 6 ans ?
78. Quels sont les besoins des enfants âgés de 3 à 6 ans ?
79. Quelles activités un auxiliaire de puériculture peut-il proposer à des enfants âgés de 3 à 6 ans ?
80. Quelles sont les missions de l'école maternelle ?
81. Quels sont les besoins en sommeil d'un enfant âgé de 3 à 6 ans ?
82. Quel est le rôle de l'auxiliaire de puériculture au moment de la sieste ?
83. Que signifie le complexe d'Œdipe ?
84. Que désigne un « objet transitionnel » ?
85. Que faire si un enfant tape et mord un autre enfant ?
86. Que signifient encoprésie et énurésie ?
87. Quels sont les différents types de jeux ?
88. Que faire si un enfant est plus agité que les autres ?

Réponses

77. Quelles sont les principales étapes du développement moteur de 3 à 6 ans ?

L'âge de l'école maternelle est une période de grand développement moteur. Les muscles se détendent, se coordonnent pour développer la motricité fine. L'enfant peut éprouver des difficultés à réaliser des gestes précis. Petit à petit, les mouvements seront plus rapides, précis et réalisés avec force.

À 2 ans, l'enfant continue à développer son agilité motrice : il sait monter un trottoir, manger seul, sauter sur deux pieds, reculer, enfiler de grosses perles, habiller un poupon… Le contrôle des sphincters a lieu progressivement. L'enfant est d'abord propre le jour, puis la nuit.

Vers 3 ans, il sait sauter, faire du tricycle, reconnaître les parties de son corps, descendre un escalier, dessiner un « homme tronc », mettre ses chaussures…

Vers 3-4 ans, la latéralisation commence à s'installer. Cela signifie que l'enfant devient droitier ou gaucher, arrive à se repérer dans l'espace (gauche, droite, haut, bas).

Vers 4 ans, il est capable de faire de la bicyclette, de s'habiller seul.

78. Quels sont les besoins des enfants âgés de 3 à 6 ans ?

L'enfant de 3 à 6 ans se caractérise par divers éléments :

- l'apprentissage de l'autonomie ;
- la construction du langage ;
- la construction de sa personnalité ;
- la croissance physiologique ;
- la découverte du monde et des autres ;
- le besoin de sécurité.

On peut également répartir les besoins de l'enfant en trois classes :

- les besoins vitaux (repos, alimentation, se dépasser, se dépenser, sécurité) ;
- les besoins sociaux (découverte des autres, socialisation, autonomie) ;
- les besoins psychologiques (affirmation de soi, imitation, interdits).

Ces caractéristiques nécessitent un comportement adapté de la part de l'adulte. Afin de favoriser l'autonomie, l'adulte doit aider l'enfant à faire des choix, lui montrer l'exemple, éviter de faire les choses à la place de l'enfant, respecter son rythme, fixer des objectifs atteignables.

Dans la phase de construction du langage, l'adulte veille à utiliser un vocabulaire adapté (ni trop enfantin ni trop complexe), à répondre aux nombreux questionnements (âge du « pourquoi »), à favoriser la parole de l'enfant et à l'écouter.

L'enfant est en pleine période de croissance, l'adulte doit donc proposer des activités adaptées pendant lesquelles l'enfant pourra se dépenser. Les repas doivent prendre en compte ses besoins énergétiques. L'hygiène alimentaire, l'intimité doivent être respectées.

Parce que l'enfant construit sa personnalité, l'adulte doit respecter certains choix de l'enfant (comme celui de ne pas participer à une activité). Il doit montrer l'exemple par des qualités humaines de tolérance, de partage, de justice. La construction de la personnalité de l'enfant se traduit également par l'apparition de la représentation mentale.
Jusqu'à 2 ans, l'enfant apprend par expérimentation. Après 2 ans, il n'a plus besoin systématiquement de faire l'action, il peut la penser. Il peut utiliser des représentations mentales pour évoquer des objets, des événements. L'enfant est curieux et découvre le monde qui l'entoure. L'adulte veille à lui apporter une vision large du monde et à lui faire découvrir diverses cultures, diverses pratiques artistiques ou sportives afin d'ouvrir son esprit.
Vers 3 ans, l'enfant est essentiellement tourné vers lui-même (égocentrisme). Il commence à utiliser le « je ». Son évolution et l'affirmation de sa personnalité passent par l'opposition aux autres, notamment à l'adulte. L'enfant n'est plus un bébé, mais a encore besoin de sécurité physique et affective. L'adulte doit porter une attention particulière pour rassurer l'enfant en cas de besoin.

79. Quelles activités un auxiliaire de puériculture peut-il proposer à des enfants âgés de 3 à 6 ans ?

Les enfants de 3 à 6 ans découvrent l'univers qui les entoure.
L'auxiliaire de puériculture peut proposer un large panel d'activités :
- activités manuelles ;
- petits jeux sportifs ;
- jeux de société ;
- activités permettant de développer l'imaginaire.

Il doit veiller à :
- proposer des activités brèves, car le temps de concentration du jeune enfant est court ;
- proposer des activités en respectant le rythme de l'enfant (sieste, temps calme, etc.) ;
- adapter son activité aux capacités motrices du jeune enfant (coordination des mouvements, difficultés pour couper, etc.) ;
- adapter son activité (l'enfant ne sait pas encore lire, se décourage facilement, etc.) ;
- laisser du temps libre (jeux symboliques, etc.).

80. Quelles sont les missions de l'école maternelle ?

L'école maternelle constitue, depuis la rentrée 2014, un cycle unique, fondamental pour la réussite de tous les élèves. Elle se définit en trois grands axes :
- une école qui s'adapte aux jeunes enfants ;
- une école qui organise des modalités spécifiques d'apprentissage ;
- une école où les enfants vont apprendre et vivre ensemble.

Organisée en un cycle unique, l'école maternelle est la première étape pour garantir la réussite de tous les élèves au sein d'une école juste pour tous et exigeante pour chacun.

Elle s'adapte aux jeunes enfants en tenant compte de leur développement et construit des passerelles entre la famille et l'école. Elle organise des modalités spécifiques d'apprentissage en mettant en place des situations variées : résolution de problèmes, entraînements, mémorisation. Le jeu y tient une place particulière : il favorise la richesse des expériences vécues et alimente tous les domaines d'apprentissage. L'école maternelle permet aussi aux enfants d'apprendre ensemble et de vivre ensemble : elle assure une première acquisition des principes de la vie en société et permet à l'enfant de se construire comme personne singulière au sein d'un groupe.
Les enseignements sont organisés en cinq domaines d'apprentissage :

- mobiliser le langage dans toutes ses dimensions ;
- agir, s'exprimer, comprendre à travers l'activité physique ;
- agir, s'exprimer, comprendre à travers les activités artistiques ;
- construire les premiers outils pour structurer sa pensée ;
- explorer le monde.

Chacun de ces cinq domaines est essentiel au développement de l'enfant et doit trouver sa place dans l'organisation du temps quotidien.
Source : Site du ministère de l'Éducation nationale.

81. Quels sont les besoins en sommeil d'un enfant âgé de 3 à 6 ans ?

Pour les enfants de 3 à 5 ans, il est préconisé entre 10 et 13 heures de sommeil par nuit. Le sommeil est constructif. Il aide à récupérer, à grandir, à mémoriser les choses apprises. La structure du sommeil de l'enfant se rapproche beaucoup de celle de l'adulte. Les cycles de sommeil durent environ 90 minutes.
Jusqu'à 4 ans en moyenne, la sieste est un besoin physiologique. Bien souvent, les troubles du sommeil sont dus à des décalages de cycles. Un enfant qui s'endort tardivement va éprouver des difficultés à se réveiller tôt le lendemain pour aller à l'école. Des siestes trop longues ou réalisées en fin d'après-midi, des modifications de rythmes le week-end sont autant de raisons qui perturbent les cycles de sommeil.

82. Quel est le rôle de l'auxiliaire de puériculture au moment de la sieste ?

Il est important que l'enfant soit dans de bonnes conditions pour dormir.
L'adulte doit veiller à :

- adapter la température de la pièce (19 °C) ;
- rassurer l'enfant (certains enfants sont angoissés par le sommeil) ;
- apporter à l'enfant ses objets transitionnels ;
- ne pas considérer la sieste comme une punition.

L'auxiliaire de puériculture participe à l'endormissement de l'enfant et au réveil progressif de chacun, en douceur.

83. Que signifie le complexe d'Œdipe ?

Théorisé par Sigmund Freud, le complexe d'Œdipe est un concept majeur de la psychanalyse. Il se définit comme le désir inconscient d'entretenir un rapport sexuel avec le parent du sexe opposé (inceste) et celui d'éliminer le parent rival du même sexe (parricide). Ainsi, le fait qu'un garçon, de façon inconsciente, soit amoureux de sa mère et désire tuer son père répond à l'impératif du complexe d'Œdipe.
La psychanalyse identifie ainsi trois étapes fondamentales de développement psychoaffectif :

- le stade oral (jusqu'à 18 mois) ;
- le stade anal (de 18 mois à 3 ans) ;
- le stade phallique (entre 3 et 5 ans).

84. Que désigne un « objet transitionnel » ?

Un objet transitionnel est un objet utilisé par le nourrisson (dès l'âge de 4 mois) pour représenter une présence rassurante (comme celle de la mère). Cet objet permet la transition entre la relation à la mère et le monde extérieur. L'enfant s'attache à un objet dont l'odeur, la douceur, la chaleur lui rappellent sa mère.

85. Que faire si un enfant tape et mord un autre enfant ?

De très nombreux enfants mordent, surtout avant l'âge de 3 ans. En effet, mordre est, pour le jeune enfant, un moyen d'expression. Il ne s'agit donc pas d'une intention de faire mal. Ils ne comprennent pas encore les conséquences de leurs gestes et agissent ainsi parce qu'ils manquent de vocabulaire pour s'exprimer et qu'ils n'arrivent pas à bien gérer leurs émotions.
Un enfant peut mordre ou taper pour diverses raisons :

- s'il est en colère ;
- s'il veut reprendre un objet ou convoite le jouet d'un autre ;
- s'il est fatigué ;
- s'il veut être certain d'obtenir l'objet désiré ;
- s'il veut attirer l'attention des autres enfants ou des adultes ;
- s'il veut se défendre ;
- s'il veut voir la réaction de l'autre en réalisant cet acte ;
- s'il vit un événement spécifique (changement d'habitude, déménagement, naissance d'un bébé) ;
- s'il n'est pas à l'aise dans son environnement (trop chaud/froid, rythme inadapté, manque de considération, etc.) ;
- s'il a été témoin ou victime de gestes agressifs.

Lorsqu'un enfant tape ou mord, l'adulte doit réagir immédiatement afin que l'enfant comprenne que la réaction de l'adulte est liée à l'acte de taper ou mordre.

L'adulte doit rester calme, ne pas réagir de manière exagérée, s'occuper de l'enfant blessé ou mordu puis s'adresser à l'enfant mordeur ou tapeur. L'adulte doit expliquer à l'enfant que ce comportement n'est pas adapté dans des termes simples et courts. Les longs discours sont inutiles et inefficaces chez les jeunes enfants.
Il faut inciter l'enfant qui a blessé à réparer son geste sans que cela soit humiliant. Il ne faut jamais mordre/taper un enfant pour lui montrer la douleur que cela produit. En effet, cette action est inutile et confirmerait que ce comportement est acceptable.

86. Que signifient encoprésie et énurésie ?

L'encoprésie désigne la défécation involontaire ou délibérée dans les sous-vêtements ou dans des endroits non appropriés, chez l'enfant d'âge chronologique et mental d'au moins 4 ans. Celle-ci est presque toujours diurne et se reproduit au quotidien, l'enfant étant conscient de l'émission de la selle, qu'il dit ne pouvoir contrôler. Il s'agit soit de selles véritables, dures ou liquides, soit de simples souillures.
Il ne faut pas la confondre avec les incontinences du sphincter anal et les banales souillures de slip de l'enfant qui s'essuie mal après être allé à la selle. Elle est parfois associée à l'énurésie ou à d'autres troubles du développement : langage, coordination des mouvements, etc. Les facteurs émotionnels et affectifs en cause se réfèrent au mode de relation de l'enfant avec ses parents, et surtout avec sa mère, vis-à-vis de laquelle le refus de la selle peut être une première manifestation d'opposition.
L'énurésie ou « pipi au lit » atteint environ 10 % des enfants, et plus fréquemment les garçons que les filles. L'énurésie est une miction complète, inconsciente et involontaire, se produisant pendant le sommeil. On ne peut parler d'énurésie qu'à partir de 4 ou 5 ans, puisque c'est l'âge ou le contrôle physiologique du sphincter vésical (de la vessie donc) est acquis. L'énurésie est dite primaire lorsque l'enfant n'a jamais été propre. Elle se rencontre chez 10 à 15 % des enfants de 5 ans et chez 6 % à 8 % de ceux de 8 ans. Chez les adolescents, on trouve encore autour de 1 % à 2 % de cas. L'énurésie est dite secondaire lorsqu'elle succède à une période de propreté complète d'au moins six mois.
On distingue également :
- l'énurésie totale : l'enfant urine toutes les nuits ;
- l'énurésie clairsemée, après 8 ans, où l'on retrouve une corrélation entre les nuits humides et les événements de la journée précédente ;
- l'énurésie intermittente : les accidents ne surviennent qu'à certaines périodes ;
- l'énurésie épisodique : les accidents surviennent de façon exceptionnelle au cours de maladie, de séparation, d'événements familiaux importants...

87. Quels sont les différents types de jeux ?

Le jeu est fondamental au bien-être et au développement de l'enfant. Il lui permet de développer son habileté sur plusieurs plans, en réfléchissant, s'exprimant, coopérant, bougeant... Les enfants font appel à leurs impressions et exercent leur conscience morale.

Jouer est aussi le moyen de joindre l'utile à l'agréable. En rendant les enfants heureux, il facilite leur apprentissage et le rend même plus efficace.
Il existe différents types de jeux qui correspondent à chaque stade du développement de l'enfant. Bien connaître ces étapes permet à l'adulte de proposer des activités ludiques qui correspondent aux besoins des enfants dont il s'occupe. Ces jeux sont complémentaires.

Les jeux sensorimoteurs
Les jeux sensorimoteurs sont les premiers jeux de l'enfant. Dès la naissance, il va s'exercer à maîtriser ses mouvements et ses gestes. Il va sans cesse les répéter et refaire les mêmes actions. Ces activités vont lui permettre de découvrir son propre corps dans un premier temps, puis son environnement immédiat, les objets qui passent sous sa main...
Ces jeux procurent à l'enfant un plaisir notamment lié à l'immédiateté du résultat. La répétition des actions (par exemple : laisser tomber sa cuillère) va lui permettre de vérifier ses hypothèses (« Si je lâche la cuillère, elle tombe par terre et elle fait du bruit »).
Ces jeux vont permettre à l'enfant de développer ses capacités motrices : marcher, ramper, attraper, tirer, grimper, verser, faire rouler...
Avec le développement du langage, les jeux faisant appel aux mots (jeux de doigts), aux chansons, compléteront les jeux moteurs.

Les jeux symboliques
À partir de 18 mois, l'enfant va jouer à imiter. Dans un premier temps, il imitera ses parents en leur présence : il voudra faire la cuisine comme papa, imitera la grande sœur en train d'écrire sur un tableau, la maman lisant son journal... Progressivement, il rejouera ces situations en dehors de la présence de l'adulte. Les actions viendront s'insérer dans des scénarios qu'il construira : il jouera au papa et à la maman, à la maîtresse d'école, au docteur, appellera mamie avec un téléphone factice...
Ces jeux lui permettront de revivre des moments afin de mieux les comprendre. À chaque fois, il modifiera son histoire afin d'essayer, d'expérimenter de nouvelles situations. L'imaginaire trouvera sa place mais s'appuiera toujours sur des moments vécus par l'enfant.
Ces jeux symboliques sont d'abord des jeux individuels, même si parfois plusieurs enfants jouent « à côté ». À partir de 5-6 ans, ces jeux pourront devenir collectifs, deux ou trois enfants se mettant d'accord sur une histoire qui, souvent, évoluera au gré de chacun. Plus l'enfant grandira, plus les règles deviendront complexes. Ainsi, vers 9-10 ans, les histoires seront davantage construites, élaborées. La négociation avant le jeu prendra de plus en plus d'importance.
L'enfant peut également utiliser des objets ou jouets qui s'intégreront dans ces jeux symboliques. Par exemple, les figurines remplaceront les vrais personnages.

Les jeux de règles

Ils prennent progressivement leur place dans l'activité de l'enfant à partir de 5-6 ans à travers d'abord les jeux symboliques puis avec des jeux de société ou des jeux collectifs. Mais c'est véritablement à partir de 7 ans qu'ils prennent toute leur importance.

Dans un premier temps, ils s'appuient sur des actions concrètes : attraper un autre enfant dans un jeu de chat, déplacer son pion vers la case finale dans un jeu de l'oie... Les règles doivent être simples, permettre l'action immédiate. Vers 9-10 ans, des stratégies vont se mettre en place. D'abord individuelles, elles deviendront progressivement collectives. Les règles vont se complexifier.

Les jeux de construction

Ils sont présents à tout âge mais se diversifient et se complexifient avec le développement de l'enfant. Dans un premier temps, il s'agira uniquement d'assemblage simple : poser un cube sur un autre, faire entrer une pièce dans un espace prévu, construire des châteaux de sable ou des maquettes...

88. Que faire si un enfant est plus agité que les autres ?

Hyperactivité, agitation, excitation, instabilité, troubles de l'attention sont souvent observés chez les enfants. Aujourd'hui, de nombreux parents consultent des spécialistes afin d'avoir une solution. Ces troubles sont fréquents et divers, mais ils sont aussi discutés. En effet, il existe une part importante de subjectivité dans leur reconnaissance et leur acceptation par le monde extérieur.

Dans l'inattention, il s'agit souvent d'enfants montrant une hyperactivité motrice, une agitation inefficace, une activité décousue et désordonnée. Ces enfants, que l'entourage qualifie volontiers d'« excités », souffrent aussi d'une grande fragilité émotionnelle, d'impulsivité, d'une incapacité à différer un plaisir, d'une apparente indifférence aux sollicitations ou aux consignes. Le défaut de contrôle des activités menées ainsi que le manque d'inhibition dans de nombreuses circonstances de la vie quotidienne sont à l'origine de situations conflictuelles qui peuvent faire « craquer » les adultes concernés.

Dans l'hyperactivité, l'activité motrice est exagérée pour l'âge, avec un comportement permanent de « bougeotte ». Ils courent sans arrêt, ont des difficultés à rester assis, grimpent ou explorent l'espace sans retenue. Agités à l'école comme à la maison, ils tiennent difficilement en place, font tomber maladroitement les objets. Leurs mouvements paraissent désorganisés, ils agitent leurs mains, leurs bras ou leurs jambes, même à table ou en regardant la télévision, avec une participation corporelle le plus souvent globale.

L'impulsivité se traduit sur le plan comportemental et cognitif. L'enfant paraît incapable de contrôler les comportements verbaux ou physiques. L'excitation physique générale les rend inaptes à attendre leur tour, à prendre la parole au moment qui convient. La quête

immédiate du plaisir les rend souvent victimes d'accidents à l'extérieur comme au domicile. Sur le plan cognitif, l'impulsivité fait référence à la difficulté d'évaluer l'ensemble des réponses possibles et de choisir la réponse la plus adaptée.
Dans ces situations, il est important que les professionnels soient présents, car les enfants ont un temps d'attention limité, sont peu concentrés, font des erreurs d'étourderie, ont des difficultés à se fixer. Rester patient, encourager l'enfant à rester concentré, valoriser les efforts sont des attitudes primordiales.

PARTIE III

La santé et la sécurité

88 questions

Les auxiliaires de puériculture doivent maîtriser les principales règles d'hygiène et de sécurité liées à l'exercice de leurs missions. Cette maîtrise comprend la connaissance des réglementations liées à l'accueil de jeunes enfants, l'hygiène, les soins, etc.

1 La santé et les soins

Les auxiliaires de puériculture sont particulièrement exposés à exercer les premiers soins en structure. De plus, les règles d'hygiène en collectivité sont particulièrement strictes. Ils doivent veiller à leur respect. Enfin, leurs missions de prévention leur permettent d'intervenir tôt afin d'éviter des accidents et/ou les épidémies.

Questions

89. Quels sont les vaccins obligatoires pour intégrer une structure petite enfance ?
90. En cas de diarrhée, quels sont les signes de gravité chez un jeune enfant ?
91. Quelle est la température idéale dans un dortoir ?
92. Que faire pour limiter le risque de mort subite du nourrisson ?
93. Que signifie l'anémie ?
94. En quoi consiste la règle d'Appert ?
95. Comment s'appelle le médecin spécialiste des enfants ?
96. Qu'appelle-t-on la période d'adaptation ?
97. En quoi consiste le saturnisme ?
98. Que faire en cas de poussée dentaire ?
99. Que dire sur la bronchiolite ?
100. Comment reconnaître un enfant atteint du « pieds-mains-bouche » ?
101. Que dire sur la fontanelle ?
102. Que dire sur le RGO ?
103. En quoi consiste le score d'Apgar ?
104. En quoi consiste le score de Silvermann ?
105. En quoi consiste une période d'incubation ?
106. Que dire sur l'alcoolisme ou le tabagisme passif lors de la grossesse et chez le nourrisson ?
107. En quoi consiste la position orthostatique ?

108. Quelles sont les précautions à prendre lorsqu'un auxiliaire de puériculture donne un pot à un jeune enfant ?

109. Que signifie le syndrome du bébé secoué ?

110. On parle d'équipe pluridisciplinaire en petite enfance. Quels sont les professionnels pouvant travailler dans ce secteur ?

111. Que pouvez-vous dire sur l'ASE ?

112. Un auxiliaire de puériculture peut-il exercer son droit de retrait en cas d'épidémie de gastro-entérite ?

113. Comment changer un enfant dans de bonnes conditions ?

114. Que pouvez-vous dire sur l'apprentissage de la propreté ?

115. Comment éviter les chutes chez le jeune enfant ?

116. Comment s'organisent les soins ?

117. Quelles sont les principales règles d'hygiène de vie à respecter en collectivité ?

118. Quels sont les troubles que peut observer un auxiliaire de puériculture ?

119. Quelles sont les maladies infantiles qu'un auxiliaire de puériculture peut rencontrer ?

120. Que faire en cas de pédiculose ?

121. Comment s'organise le passage aux toilettes ?

122. En quoi l'auxiliaire de puériculture contribue-t-il à l'éducation nutritionnelle du jeune enfant ?

123. Quels sont les objectifs du PNNS ?

124. Que faire si un enfant ne mange pas ?

125. Que signifie TIAC ?

126. Que faut-il faire en cas d'intoxication collective ?

127. Qu'est-ce que la maltraitance ?

128. Que doit faire un auxiliaire de puériculture confronté à de la maltraitance ?

129. À quoi sert une fiche sanitaire ?

130. Quelles sont les formalités à accomplir en cas d'accident ?

131. Qui alerter en cas de blessure d'un enfant ?

132. Quels éléments doit comprendre une trousse de secours ?

133. Un auxiliaire de puériculture a-t-il le droit de donner des médicaments ?

134. En quoi consiste un PAI ?

135. Quelles sont les allergies les plus courantes ?

136. Que faire en cas d'hyperthermie ?

137. Que faire face à une brûlure ?

138. Que faire en cas de saignement de nez ?

139. Que faire en cas d'hémorragie ?

140. Que faire en cas de plaie ?

141. Que faire en cas de malaise ?

142. Que faire en cas de convulsions d'un enfant ?

143. Que faire face à une victime inconsciente qui respire ?

144. Que faire face à une victime inconsciente qui ne respire pas ?

145. Que faire pour éviter la déshydratation ?

146. Comment prévenir les accidents domestiques ?

147. Quels sont les diplômes permettant de prodiguer des soins ?

148. Quels sont les différents groupes d'aliments ?

149. Que doit comprendre un menu équilibré pour un enfant âgé de 3 à 6 ans ?

150. Quand parle-t-on d'obésité infantile ?

Réponses

89. Quels sont les vaccins obligatoires pour intégrer une structure petite enfance ?

Pour les enfants nés après 2018, une nouvelle réglementation impose 11 vaccinations obligatoires :
- diphtérie, tétanos et poliomyélite (DTP) ;
- coqueluche ;
- infections invasives à *Haemophilus influenzae* de type B ;
- hépatite B ;
- infections invasives à pneumocoque ;
- méningocoque de sérogroupe C ;
- rougeole, oreillons et rubéole.

Et pour les résidents de Guyane, la fièvre jaune à partir de 1 an.
Les personnes titulaires de l'autorité parentale doivent veiller au respect de cette obligation.
Les vaccinations recommandées concernent :
- les maladies telles que la tuberculose, la varicelle, la grippe, le zona ;
- les infections à papillomavirus humain.

Le médecin qui procède à la vaccination obligatoire de l'enfant doit l'inscrire sur son carnet de santé. Celui-ci est présenté comme justificatif de la réalisation des vaccinations obligatoires.

90. En cas de diarrhée, quels sont les signes de gravité chez un jeune enfant ?

La diarrhée aiguë peut être dangereuse chez le jeune enfant. Elle peut entraîner une déshydratation. La perte de poids peut également être observée. L'auxiliaire de puériculture doit être attentive à ces signes et alerter la hiérarchie et les parents, le cas échéant.

91. Quelle est la température idéale dans un dortoir ?

Dans un dortoir, il ne doit pas faire trop chaud. La température idéale est de 19 °C.

92. Que faire pour limiter le risque de mort subite du nourrisson ?

Divers conseils existent pour limiter le risque de mort subite :
- coucher le bébé sur le dos ;
- ne pas charger le lit ;
- ne pas surchauffer le lieu où l'enfant dort ;
- éviter le co-dodo ou co-*sleeping* ;
- tenir le bébé à la verticale après le biberon ;
- privilégier la tétine la nuit ;

- éviter le tabagisme passif ;
- mettre le bébé à plat ventre plusieurs fois par jour, sous surveillance ;
- être attentif aux comportements inhabituels.

93. Que signifie l'anémie ?

L'anémie est une carence en fer. Chez le jeune enfant, elle peut se caractériser par une fatigue importante, une irritabilité, une pâleur, une perte d'appétit, des lèvres sèches et fissurées et des lésions aux ongles.

Le jeune enfant peut faire du pica (tendance à manger des substances non comestibles comme de la terre, du sable, un crayon) ou de la pagophagie (manger de la glace). Il peut présenter un retard de développement psychomoteur ou des difficultés d'apprentissage. Il peut perdre du poids si l'anémie ferriprive est causée par des problèmes d'absorption liés à une maladie de l'intestin.

94. En quoi consiste la règle d'Appert ?

La règle d'Appert est une formule de calcul simple pour déterminer la quantité de lait journalière à donner à un bébé. Il est impossible d'évaluer la quantité de lait consommée par un enfant qui est nourri au sein de sa mère. Afin de préparer la bonne quantité de lait à un jeune enfant jusqu'à la diversification alimentaire (5 mois ou 6 kg), il est possible de se conformer à cette règle. La règle d'Appert se définit ainsi :

Ration de lait journalière (ml/jour) = poids de l'enfant (en grammes)/10 + 250

La quantité calculée devra ensuite être divisée par le nombre de biberons pris par jour.

En moyenne, un bébé prend 6 à 8 biberons par jour le premier mois, 6 à 7 biberons par jour le deuxième mois, 5 biberons le 3e mois et 4 biberons les 4e et 5e mois.

La règle d'Appert a été modifiée par le professeur Lestradet pour pouvoir être appliquée jusqu'aux 10 kg de l'enfant et toujours jusqu'au début de sa diversification. Elle se calcule de la même façon à 100 ml près de la quantité de lait calculée.

Règle d'Appert modifiée = poids (g)/10 + 250 ± 100 ml

Âge de l'enfant	Nombre de biberons/quantité de lait
De la naissance à 1 mois (1er mois)	6 biberons de 90 ml + 3 mesures de lait
De 1 à 2 mois (2e mois)	6 biberons de 120 ml + 4 mesures de lait
De 2 à 3 mois (3e mois)	5 biberons de 150 ml + 5 mesures de lait
De 3 à 4 mois (4e mois)	4 biberons de 180 ml + 6 mesures de lait
De 4 à 6 mois	4 biberons de 210 ml + 7 mesures de lait

La santé et la sécurité

95. Comment s'appelle le médecin spécialiste des enfants ?

Les pédiatres sont spécialisés pour les enfants. De nombreux médecins généralistes assurent également le suivi médical des jeunes enfants. Les structures petite enfance ont un médecin référent. Il est notamment chargé de l'élaboration de protocoles.

96. Qu'appelle-t-on la période d'adaptation ?

L'adaptation ou la familiarisation est la période pendant laquelle l'enfant va fréquenter la structure de manière progressive afin de pouvoir être accueilli dans les conditions optimales. Il s'agit d'un temps de rencontre entre le professionnel, l'enfant et ses parents, pour se connaître les uns les autres. Ce temps a pour but de rassurer l'enfant et de lui donner de nouvelles habitudes de vie. Le bébé va découvrir un nouvel environnement. Il faut lui laisser le temps de se familiariser, de se créer des repères. Il faut créer des rituels (espaces, jeux, professionnel).
Généralement, les structures proposent une adaptation sur une période de plusieurs jours jusqu'à deux semaines. Lors des premiers jours, le parent reste avec l'enfant : une demi-heure, puis de moins en moins longtemps chaque jour. Puis l'enfant est laissé seul. Les échanges entre les professionnels et les parents sont encore plus importants lors de la période d'adaptation. Cela permet de connaître les habitudes familiales.

> **ATTENTION**
>
> **Il est possible que l'enfant pleure beaucoup pendant la période d'adaptation. Les professionnels devront alors identifier les raisons de ces pleurs et le besoin non comblé (peur de l'abandon, perte des repères, besoin de sécurité, changement de cadre, etc.).**

97. En quoi consiste le saturnisme ?

Le saturnisme est caractérisé par la présence excessive de plomb dans l'organisme. Le plomb pénètre dans le corps par les voies respiratoires et digestives. Il a des effets nocifs, particulièrement chez l'enfant ainsi que chez la femme enceinte et son bébé contaminé par voie sanguine. Le saturnisme est mesuré par une plombémie (ou taux de plomb dans le sang).
Les jeunes enfants portent facilement les objets qu'ils attrapent à la bouche et peuvent, notamment, avaler des écailles de peintures anciennes contenant du plomb. L'absorption de plomb est grave pour eux et surtout avant l'âge de 6 ans : le corps de l'enfant est en pleine croissance et absorbe le plomb plus facilement. Même de faibles doses absorbées sur une période prolongée peuvent provoquer des retards intellectuels et physiques irréversibles : troubles du langage, du comportement, troubles de l'apprentissage, ralentissement de la croissance, difficultés motrices, baisse modérée de l'acuité auditive.

98. Que faire en cas de poussée dentaire ?

La poussée dentaire se manifeste par une hypersalivation, une tendance à mordiller, une irritabilité, des pleurs, des joues rouges, des gencives un peu gonflées, une difficulté à manger ou à dormir, une petite bulle bleue sur la gencive. Chez certains enfants, l'apparition des dents de lait (aussi appelées « dents primaires » ou « dents de bébé ») passe presque inaperçue, tandis que chez d'autres, elle s'accompagne de malaises ou d'inconfort.
Les premières dents percent généralement vers 6 mois. Certains enfants naissent même avec une ou deux dents. D'autres enfants ont leur première dent après leur premier anniversaire. La majorité des enfants de 3 ans ont 20 dents.
Les poussées de dents ne nécessitent pas de traitements. Il n'y a rien à faire à part soulager l'inconfort. Les adultes peuvent réconforter le jeune enfant. Quelques autres gestes sont souvent conseillés, à savoir frotter doucement les gencives de l'enfant ou lui proposer un anneau de dentition sécurisé.

99. Que dire sur la bronchiolite ?

La bronchiolite est une infection virale très contagieuse qui touche les bronchioles. Les symptômes sont impressionnants, mais dans la majorité des cas, la maladie est bénigne. Il est tout de même nécessaire de surveiller les signes qui peuvent alerter. Le bébé tousse. Il a des difficultés à respirer. Une bronchiolite du nourrisson peut évoluer vers une détresse respiratoire. Sa gravité impose donc un contrôle médical sans délai.
Le traitement de la bronchiolite se résume pour l'essentiel à des mesures symptomatiques pour lutter contre l'encombrement bronchique et éviter la déshydratation. Les médicaments, antibiotiques, en particulier, sont prescrits au cas par cas. Des séances de kinésithérapie peuvent aussi être proposées. La bronchiolite touche 450 000 nourrissons par an. 20 % des enfants touchés sont hospitalisés.

100. Comment reconnaître un enfant atteint du « pieds-mains-bouche » ?

Le syndrome pieds-mains-bouche est une infection virale bénigne due à plusieurs types de virus. Cette maladie contagieuse touche surtout les jeunes enfants. Elle est caractérisée par la présence de papulovésicules dans la bouche et au niveau des extrémités des membres pendant une dizaine de jours. Cette maladie atteint surtout les enfants âgés de 6 mois à 4 ans, mais peut aussi toucher les enfants plus âgés et les adultes.
Le virus pénètre dans la bouche, la gorge, et se diffuse dans le tube digestif. Une fois dans l'organisme, il se propage dans le sang et les ganglions lymphatiques. Le système immunitaire intervient alors pour empêcher la diffusion du virus aux organes comme le cerveau, les poumons… Le virus est évacué par les selles pendant quatre semaines environ après le début de la maladie, voire parfois jusqu'à 4 mois.
L'enfant atteint de la maladie pieds-mains-bouche est contagieux deux jours avant l'éruption ; l'infection est particulièrement contagieuse durant la première semaine.

La période de transmission peut cependant durer plusieurs semaines, tant que le virus reste dans les selles. Avant l'éruption, certains signes peuvent apparaître : fièvre (38 °C-39 °C), perte d'appétit, maux de tête, maux de gorge, rhinite, douleurs abdominales, diarrhée. Puis d'autres signes apparaissent au niveau de la bouche, sur les pieds et mains. Cette maladie est souvent bénigne, mais il peut parfois y avoir des complications (déshydratation, chute des ongles, rares atteintes pulmonaires ou neurologiques).

101. Que dire sur la fontanelle ?

À la naissance, les os du crâne du bébé ne sont pas soudés et sont séparés par des espaces linéaires que l'on peut suivre avec le doigt : ce sont les sutures. Au confluent se trouvent les fontanelles. La petite fontanelle ou « lambdatique », de forme triangulaire, qui se trouve derrière le crâne du nouveau-né, est observable jusqu'à l'âge de 2 ou 3 mois. La grande fontanelle se situant sur le sommet du crâne du bébé est visible jusqu'à 15-18 mois.
Les adultes doivent s'inquiéter dans certaines situations :
- si la fontanelle est bombée, cela peut signifier que l'enfant est fiévreux ;
- si la fontanelle est creusée, cela peut traduire une déshydratation.

102. Que dire sur le RGO ?

Le reflux gastro-œsophagien est la remontée involontaire du contenu gastrique dans l'œsophage. Courant chez les bébés, il provoque des régurgitations. Sans gravité, il peut toutefois être responsable d'œsophagites. Les régurgitations apparaissent souvent avant l'âge de 3 mois. Elles ont généralement lieu après les repas et sont favorisées par l'alimentation liquide, les changements de position et la compression de l'abdomen.
Chez le nouveau-né ou le nourrisson de moins de 1 an, le RGO est un phénomène fréquent et sans gravité. Des régurgitations surviennent chez près de deux tiers des enfants âgés de 4 à 5 mois. Elles ne concernent plus que 5 % des enfants âgés de 10 et 12 mois, période d'acquisition de la posture debout puis de la marche.
On distingue deux types de reflux gastro-œsophagien du bébé et de l'enfant :
- le RGO simple est le cas le plus fréquemment rencontré : il est sans gravité. C'est une affection bénigne du bébé qui guérit spontanément avec l'acquisition de la position debout. Les régurgitations sont bien tolérées. Même si le bébé régurgite, son appétit est conservé. Il grandit bien et grossit régulièrement. Ce type de reflux ne requiert qu'une prise en charge hygiénodiététique et disparaît généralement avec l'apprentissage de la marche ;
- le RGO compliqué d'œsophagite est beaucoup plus rare chez le nourrisson. L'acidité des régurgitations provoque une inflammation de la muqueuse de l'œsophage ou œsophagite. Des symptômes gênants apparaissent : régurgitations avec traces de sang, pleurs, refus d'alimentation, perte de poids, agitation après la prise des biberons ou pendant le sommeil, érosion des dents due à l'acidité du reflux… Des examens et un traitement médicamenteux sont nécessaires.

Source : www.ameli.fr.

103. En quoi consiste le score d'Apgar ?

Mis au point en 1952 par Virginia Apgar, le score d'Apgar est un test pratiqué sur les nouveau-nés. Il permet d'évaluer l'état de santé d'un nouveau-né en appréciant son état clinique et son adaptation à la vie extra-utérine. Ce score varie de 0 à 10, 10 signifiant que tous les critères du score sont strictement normaux. Le score d'Apgar est calculé en fonction de cinq critères : la fréquence cardiaque, la respiration, le tonus musculaire, la réactivité et la coloration du nouveau-né. Une note de 0 à 2 points est attribuée à chacun de ces critères en fonction de leur intensité. Le score est calculé à plusieurs reprises après la naissance.

104. En quoi consiste le score de Silvermann ?

En pédiatrie néonatale, le score de Silvermann permet de diagnostiquer et évaluer la détresse respiratoire d'un nouveau-né. Il se compose de cinq items cotés de 0 à 2. La détresse respiratoire est importante si le score est supérieur à 4 et nécessite une intubation.

105. En quoi consiste une période d'incubation ?

Une période d'incubation est le temps nécessaire au développement d'une maladie, d'un embryon, d'une culture ou d'une réaction chimique. La durée d'incubation (à savoir le temps écoulé entre l'infection par le virus et l'apparition des premiers symptômes) varie selon la maladie.

106. Que dire sur l'alcoolisme ou le tabagisme passif lors de la grossesse et chez le nourrisson ?

Le tabagisme passif des bébés *in utero* et après la naissance a des répercussions sur la santé de l'enfant à court terme, mais aussi à moyen et long termes. Lors des 2ᵉ et 3ᵉ trimestres de grossesse, la croissance du fœtus est ralentie. Le poids de naissance est plus faible, le périmètre crânien plus petit, et le risque d'anomalies congénitales est augmenté.

Le tabagisme passif postnatal est également lourd de conséquences. Le tabagisme maternel doublerait les risques de mort subite du nourrisson. Les bébés et jeunes enfants vivant dans une atmosphère enfumée souffrent plus d'asthme et de difficultés respiratoires. Une exposition dans la petite enfance à une ambiance tabagique augmente également les risques de sensibilisation aux allergies alimentaires et aux allergènes. Le tabagisme passif serait également responsable de certains cancers pédiatriques, comme la leucémie ou des lymphomes.

107. En quoi consiste la position orthostatique ?

Ce terme désigne la position debout.

108. Quelles sont les précautions à prendre lorsqu'un auxiliaire de puériculture donne un pot à un jeune enfant ?

La diversification alimentaire est un moment important pour l'enfant. Cette diversification doit, bien évidemment, être réalisée en concertation avec la famille. Il est important de respecter certaines règles afin que cette étape se passe dans de bonnes conditions :
- choisir des aliments généralement acceptés plus facilement ;
- choisir une cuillère sécurisée (à bout rond) ;
- ne pas forcer l'enfant à manger, mais lui proposer ;
- introduire un seul nouvel aliment à la fois (concertation avec la famille) ;
- vérifier la qualité (date de consommation, conservation, absence de morceaux chez les plus jeunes) ;
- ne pas ajouter de condiments (les papilles du jeune enfant ne sont pas les mêmes que celles de l'adulte) ;
- bien mélanger le contenu et vérifier la température avant de servir l'enfant (homogénéité du contenu).

109. Que signifie le syndrome du bébé secoué ?

Le syndrome du bébé secoué désigne un traumatisme crânien non accidentel, entraînant des lésions du cerveau. Il survient lorsque l'on secoue violemment un bébé ou un jeune enfant. Le plus souvent, ce drame arrive lorsque la personne qui s'occupe de l'enfant est exaspérée par ses pleurs.
Les enfants de moins de 1 an (et surtout ceux de moins de 6 mois) sont les plus touchés par le syndrome du bébé secoué. En raison de la gravité des séquelles, aucun enfant ne doit être secoué, quels que soient son âge et la situation. Chaque année, plusieurs centaines d'enfants sont victimes, en France, de cette forme de maltraitance. Ce chiffre est certainement sous-évalué en raison de diagnostics non posés et d'une sous-déclaration du syndrome du bébé secoué. Dans la majorité des cas, les épisodes de secouement sont répétés dans le temps. En absence de diagnostic précoce, le bébé risque d'être à nouveau secoué et ainsi exposé à des lésions cérébrales de plus en plus graves. Si les nourrissons de moins de 1 an sont les plus concernés, des enfants plus âgés peuvent aussi subir des blessures graves s'ils sont secoués violemment.
Les symptômes surviennent immédiatement après le secouement. Ils peuvent être en rapport avec une atteinte neurologique grave :
- une somnolence inhabituelle, des troubles de la conscience ;
- une rigidité du corps ou au contraire une perte du tonus ;
- des mouvements anormaux ou des convulsions (les bras et les jambes se raidissent ou se mettent à bouger de manière incontrôlable) ;
- une difficulté à respirer ou des pauses respiratoires.

D'autres symptômes apparemment moins graves doivent cependant alerter :
- une diminution de l'appétit, un refus de manger ou des vomissements sans raison apparente ;

- une perte des sourires ou du babillage habituel ;
- un moins bon contact, une extrême irritabilité, des pleurs inhabituels ;
- des troubles oculaires : les yeux ont des mouvements anormaux, les pupilles sont de dimensions inégales, l'enfant louche ou ne suit plus du regard.

Face à ces symptômes, il faut immédiatement contacter les secours médicaux d'urgence. Un diagnostic et des soins précoces sont indispensables pour diminuer les séquelles neurologiques.
En attendant l'arrivée des secours, si le bébé présente des convulsions ou s'il vomit, il faut le placer sur le côté, en position latérale de sécurité : cela permet à sa salive ou à ses vomissements de s'écouler par la bouche pour limiter le risque d'étouffement.
Source : www.ameli.fr.

110. On parle d'équipe pluridisciplinaire en petite enfance. Quels sont les professionnels pouvant travailler dans ce secteur ?

Selon le type de structure, les professionnels sont différents. On peut notamment citer :

- les infirmiers, puériculteurs, éducateurs de jeunes enfants (souvent sur des postes de direction) ;
- les auxiliaires de puériculture ;
- les titulaires de CAP Petite enfance/CAP AEPE (Accompagnant éducatif petite enfance) ;
- les agents techniques.

Chaque membre de la communauté éducative a sa place dans la structure. Le travail d'équipe est primordial et les informations concernant l'observation, l'éveil, la journée de l'enfant doivent être partagées.
D'autres professionnels interviennent de manière ponctuelle :

- médecins, pédiatres ;
- psychomotriciens ;
- travailleurs sociaux ;
- diététiciens, sophrologues, etc.

111. Que pouvez-vous dire sur l'ASE ?

Le Code de l'action sociale et des familles définit les missions de l'aide sociale à l'enfance (ASE), une compétence du département. Ces missions comprennent des actions de prévention et de soutien en direction des enfants et des familles en difficulté psycho-sociale, et des actions de prise en charge d'enfants qui, pour des raisons diverses, ne peuvent demeurer dans leur famille.
Par rapport aux questions d'adoption, l'ASE a deux rôles :

- prendre en charge les pupilles de l'État, enfants qui, parce qu'ils sont privés de famille, font l'objet de projets d'adoption ;
- instruire les demandes d'agrément des adoptants.

112. Un auxiliaire de puériculture peut-il exercer son droit de retrait en cas d'épidémie de gastro-entérite ?

Le droit de retrait permet à un salarié ou à agent public de quitter son poste de travail ou de refuser de s'y installer sans l'accord de son employeur. Il peut s'exercer à deux conditions :

- si la situation de travail présente un danger grave et imminent pour sa vie ou sa santé ;
- ou s'il constate une défectuosité dans les systèmes de protection.

Un danger est grave s'il représente une menace pour la vie ou la santé du travailleur (une maladie ou un accident grave, voire mortel). Il est imminent si le risque peut survenir immédiatement ou dans un délai proche. C'est au salarié d'apprécier au regard de ses compétences, de ses connaissances et de son expérience si la situation présente pour lui un danger grave et imminent pour sa vie ou sa santé. Il n'a pas à prouver qu'il y a bien un danger mais doit se sentir potentiellement menacé par un risque de blessure, d'accident ou de maladie. Le danger peut être individuel ou collectif. Il peut interrompre ses activités tant que l'employeur n'a pas mis en place les mesures de prévention adaptées.
Dans le cas présent, le risque de contracter une gastro-entérite ne constitue pas un danger grave ni imminent.

> **EXEMPLES**
>
> **Quelques cas justifiant un droit de retrait : matériel non conforme, locaux non chauffés, absence d'équipement de protection collective ou individuelle, risque d'agression, sont autant de situations susceptibles de justifier le droit de retrait.**

113. Comment changer un enfant dans de bonnes conditions ?

Le moment du change est très important. Il favorise le confort et le bien-être de l'enfant et permet d'assurer son hygiène. Il est également un moment d'échanges privilégié entre un adulte et un jeune enfant. En changeant l'enfant régulièrement, on limite les risques d'érythèmes fessiers. Le change se fait généralement avant le repas afin de s'assurer que l'enfant sera bien confortable en prenant son repas, puis à chaque fois que nécessaire (urines, selles). Il ne faut jamais réveiller un enfant pour le changer.
Le choix des matériels et des produits doit se faire en gardant à l'esprit la sécurité de l'enfant : aucun matériel ni produit ne doit être dangereux pour l'enfant. Pour changer un enfant, on a besoin d'une table de change (ou plan de travail), d'un coussin de change qu'on recouvre d'une protection, d'un dispositif de lavage/séchage (selon la structure), d'une couche propre et de vêtements de rechange. Il est aussi recommandé de prévoir un jouet afin d'occuper l'enfant lors du change. Une poubelle et un sac à linge sale doivent être à portée de main afin de pouvoir y déposer la couche souillée et les vêtements salis. Il faut aussi penser à assurer le confort thermique : s'assurer que la pièce de change soit suffisamment chauffée et limiter le risque de refroidissement de l'enfant.

La sécurité, lors du change, est primordiale. Il ne faut jamais laisser l'enfant seul, sans surveillance.
Le professionnel doit :
- se laver les mains et mettre des gants (selon le protocole) ;
- installer le jeune enfant, le déshabiller tout en lui expliquant les gestes (« Attention, on change la couche et non les fesses ! »...) ;
- selon le contenu de la couche (urines ou selles), adapter la conduite à tenir en essuyant la partie sale et en refermant la couche sur elle-même ;
- nettoyer le siège en allant du plus propre au plus sale, rincer, puis sécher ;
- mettre une couche propre ;
- rhabiller le jeune enfant ;
- nettoyer le plan de travail, le matériel, jeter la couche dans la poubelle dédiée, mettre le linge sale à l'endroit prévu à cet effet ;
- se relaver les mains.

Il s'agit d'un geste « technique ». Il ne faut pas négliger le relationnel avec le jeune enfant pendant ce temps.

114. Que pouvez-vous dire sur l'apprentissage de la propreté ?

Les parents sont souvent impatients à l'idée que leur enfant devienne propre. La propreté revêt, en effet, divers symboles :
- fierté du parent et de l'enfant ;
- enfant prêt pour aller à l'école ;
- gain de temps ;
- économies, etc.

Ce sujet est particulièrement sensible et certains parents aimeraient parfois que leur enfant soit propre, sans respecter le rythme de leur enfant. Les professionnels ont donc un rôle important à jouer dans la structure mais également un rôle de conseil auprès des parents pour appréhender ce passage important dans la vie de l'enfant.
Pour acquérir la maîtrise de ses sphincters et devenir propre, l'enfant doit être prêt à la fois physiologiquement et psychologiquement. Physiologiquement, un enfant est capable de devenir propre vers 24 mois, soit six à huit mois après l'apprentissage de la marche. Il doit être capable d'interpréter par lui-même ses sensations corporelles et de reconnaître les signaux de son corps qui lui indiquent qu'il a envie d'aller aux toilettes. Par ailleurs, il doit ressentir le besoin d'être autonome.
Divers conseils sont donnés :
- choisir un moment où la vie émotionnelle de l'enfant n'est pas perturbée ;
- expliquer à l'enfant l'utilité du pot et/ou des toilettes ;
- rassurer les jeunes enfants qui peuvent en avoir peur ;
- ne pas faire durer le temps sur le pot/toilettes plus de cinq minutes ;
- proposer régulièrement le pot à l'enfant ;

- si l'enfant a un rythme régulier (pour les selles), l'identifier et lui proposer le pot à ce moment-là ;
- laisser l'accès au pot pour que l'enfant puisse y aller, de manière autonome ;
- habiller l'enfant avec des vêtements faciles à enlever ;
- retirer les couches progressivement ;
- encourager l'enfant, le féliciter ;
- rester patient et ne pas gronder l'enfant.

Il est primordial que la communauté éducative communique avec les parents pour préparer ce temps. En effet, si les deux ne se concertent pas, l'enfant risque d'éprouver des difficultés à comprendre.

115. Comment éviter les chutes chez le jeune enfant ?

La table à langer, la chaise haute et la poussette sont les principaux endroits d'où les bébés peuvent tomber. Pour les tout-petits qui rampent et qui marchent, les risques de chute sont différents. Il faut faire particulièrement attention aux escaliers, aux lits, aux fenêtres, aux balcons, aux meubles. Les enfants doivent toujours être attachés dans la poussette, la chaise haute, le transat ou encore le siège auto, lors d'éventuelles sorties auxquelles l'auxiliaire de puériculture pourrait participer. De même, lors du change, l'adulte ne doit jamais s'éloigner de la table à langer. Si un élément a été oublié, il faut prendre l'enfant dans ses bras pour le sécuriser.

En fonction de l'âge du jeune enfant, il faut penser à adapter la hauteur de la « couchette ». Un enfant sachant se mettre debout pourrait passer par-dessus les barreaux si le matelas se situe trop haut. La disposition des meubles doit également être étudiée afin que les enfants ne puissent pas grimper dessus. Il est également conseillé de fixer certains éléments (étagères, écrans, téléphones, etc.). Si un enfant peut accéder à des escaliers, des fenêtres ou un balcon, il faut installer des dispositifs de sécurité.

Les chutes sont également celles de plain-pied. Le sol doit donc régulièrement être dégagé pour limiter les risques de chute.

116. Comment s'organisent les soins ?

Les structures petite enfance ont un médecin référent.

Les actes de la vie courante (AVC) correspondent à des soins apportés à l'enfant, soins qui ne nécessitent pas d'avis médical ni d'ordonnance : lavage de nez, nettoyage de plaie, de morsure, soin d'une contusion, d'un saignement de nez, d'un coup de soleil, d'un érythème fessier, d'une piqûre d'insecte, d'une poussée dentaire, etc.

Afin de sécuriser ces soins, des protocoles peuvent être écrits par la structure, validés par le médecin de crèche, évitant ainsi le recours à des ordonnances individuelles et variées (ex. : la crème de base utilisée pour un érythème fessier sera toujours la même, sauf cas particulier justifié). Ces protocoles doivent être revus et actualisés régulièrement par le médecin de crèche. Tous les professionnels de l'EAJE peuvent appliquer ces gestes dans la mesure où un protocole est établi. Les protocoles précisent la conduite à tenir en cas d'urgence. Une ligne téléphonique permettant de contacter les services d'urgence doit être accessible en permanence. Les professionnels doivent tenir un registre des soins en précisant le nom du blessé, la nature de la blessure et les soins réalisés. Les professionnels les plus adaptés doivent administrer des médicaments (ex. : puéricultrice ou infirmière si présente). Le protocole peut définir les conditions d'administration de ces médicaments. Les projets d'accueil individualisé (PAI) doivent être connus de l'équipe. Les parents doivent être informés des soins apportés à leur enfant, même en cas de blessure mineure. Dans tous les cas graves, les secours sont alertés et la famille est prévenue au plus vite.

117. Quelles sont les principales règles d'hygiène de vie à respecter en collectivité ?

Afin de lutter contre les infections microbiennes saisonnières, les agents doivent respecter et rappeler les gestes élémentaires d'hygiène :
- se laver les mains régulièrement à l'eau et au savon ;
- utiliser des mouchoirs jetables et les jeter.

118. Quels sont les troubles que peut observer un auxiliaire de puériculture ?

Chaque enfant se développe à son rythme. Certains enfants peuvent être précoces sur le langage, d'autres sur la motricité. D'autres enfants peuvent éprouver quelques difficultés. Les enfants peuvent présenter différents troubles :
- des troubles du langage (retards, etc.) ;
- des troubles moteurs (problèmes de coordination, etc.) ;
- des retards mentaux ;
- des troubles de l'audition ou de la vision ;
- des troubles du sommeil (insomnies, etc.) ;
- des troubles de la propreté ;
- des troubles alimentaires (anorexie, etc.) ;
- un autisme (isolement, difficultés à aller vers les autres, etc.).

> **ATTENTION**
>
> Le jeune âge des enfants doit être pris en considération. Il est tout à fait normal qu'un enfant de moins de 3 ans ne parle pas distinctement, qu'un enfant de 18 mois ne marche pas, ou encore qu'un enfant de 24 mois ne soit pas propre.
> Les professionnels ne doivent pas hésiter à en parler à leur hiérarchie. Un entretien avec la famille pourrait permettre la mise en place de mesures dans l'intérêt de l'enfant.

119. Quelles sont les maladies infantiles qu'un auxiliaire de puériculture peut rencontrer ?

L'enfant et les personnes âgées sont plus sensibles que les adultes à certaines maladies. Lieux collectifs, les structures d'accueil facilitent la transmission de maladies contagieuses. On peut trouver différents types de maladies :

- les maladies infectieuses (rougeole, scarlatine, varicelle, etc.) ;
- les maladies parasitaires (gale, pédiculose, etc.) ;
- les maladies de la peau et du cuir chevelu (herpès, impétigo, etc.).

Quels que soient les signes rencontrés (boutons, démangeaisons, etc.), l'auxiliaire de puériculture doit avertir sa hiérarchie dès que possible afin que des mesures utiles soient prises (récupérer l'enfant, éviter les contacts physiques, etc.).

120. Que faire en cas de pédiculose ?

La pédiculose du cuir chevelu est une maladie contagieuse due à un parasite. Elle est plus généralement observable en école, mais on peut la rencontrer en structure petite enfance. Maladie fréquente et souvent bénigne, elle se manifeste par des démangeaisons du cuir chevelu.

Elle se caractérise par :

- des œufs (lentes) qui collent aux cheveux ;
- des poux vivants qui sont mobiles et se nourrissent de sang ;
- des lésions rouges sur la peau (à chaque piqûre).

Pour lutter efficacement contre les poux, il faut mener plusieurs actions simultanées :

- éliminer les poux adultes ;
- éliminer les lentes ;
- limiter la transmission des poux d'une personne à une autre.

Le traitement combine donc des méthodes simples permettant de réduire le nombre de poux (peigne fin humide) et de lentes (pince à épiler) et des méthodes plus rapides (traitement médicamenteux à l'aide de shampoing, lotion, aérosol, crème) permettant de tuer les poux et lentes restants, sans oublier des précautions et préventions familiales et collectives pour éviter la dissémination et réinfestation (nettoyage des vêtements, oreillers, draps, doudous, brosses, peluches...).

En cas de pédiculose, il faut donc collaborer avec les agents techniques afin de renforcer l'entretien du linge.

121. Comment s'organise le passage aux toilettes ?

Pour l'enfant en âge d'acquérir la propreté, ce temps constitue un temps d'apprentissage dans la mesure où il va :

- apprendre à gérer ses besoins, respecter son corps et celui des autres ;
- se situer dans les espaces (repérer le trajet pour aller aux toilettes, situer les serviettes, le papier, le savon, les points d'eau...) ;
- accéder à l'autonomie (visser/dévisser les robinets, boutonner/déboutonner, s'essuyer, etc.).

L'auxiliaire va faire respecter certaines règles de vie en collectivité :

- attendre son tour ;
- respecter une procédure (se nettoyer les mains...) ;
- respecter les autres (respecter le travail des agents techniques, l'intimité des autres enfants) ;
- respecter les locaux, le matériel (éviter le gaspillage d'eau).

Pour certains enfants (timides, gênés par le collectif...), l'auxiliaire doit adapter son comportement, repérer les difficultés et peurs éventuelles et s'adapter en proposant des moments privés, en faisant verbaliser les enfants, proposer des comptines sur l'hygiène, etc.

122. En quoi l'auxiliaire de puériculture contribue-t-il à l'éducation nutritionnelle du jeune enfant ?

Le repas est un moment privilégié d'apprentissage en famille ou en structure. Les professionnels doivent aider les jeunes enfants à acquérir de bonnes habitudes alimentaires. L'éducation à la nutrition intervient dès le plus jeune âge. Les auxiliaires de puériculture jouent un rôle important pour apprendre les règles d'un bon comportement alimentaire aux enfants et leur faire connaître les effets de l'alimentation sur la santé.
La capacité d'apprécier des saveurs différentes, de les différencier et de parler de ses sensations s'apprend et se cultive. L'EAJE joue un rôle important dans l'éveil au goût. Des actions de formation du goût interviennent régulièrement. La semaine du goût, les ateliers cuisine sont des projets qui permettent d'éveiller les jeunes papilles.

123. Quels sont les objectifs du PNNS ?

Lancé en 2001, le Programme national nutrition santé (PNNS) est un plan de santé publique visant à améliorer l'état de santé de la population en agissant sur l'un de ses déterminants majeurs : la nutrition. Pour le PNNS, la nutrition s'entend comme l'équilibre entre les apports liés à l'alimentation et les dépenses occasionnées par l'activité physique.
Le PNNS et le Programme national de l'alimentation (PNA) ont pour objectif de promouvoir les bonnes pratiques alimentaires. Ces actions doivent permettre de lutter contre le surpoids et l'obésité infantiles, problèmes de santé publique.
Les objectifs du PNNS sont multiples :

- réduire l'obésité et le surpoids dans la population :
  - stabiliser la prévalence de l'obésité et réduire le surpoids chez les adultes,
  - diminuer la prévalence de l'obésité et du surpoids chez les enfants et les adolescents ;
- augmenter l'activité physique et diminuer la sédentarité à tous les âges :
  - augmenter l'activité physique chez les adultes,
  - augmenter l'activité physique et lutter contre la sédentarité chez les enfants et les adolescents ;

- améliorer les pratiques alimentaires et les apports nutritionnels, notamment chez les populations à risque :
  - augmenter la consommation de fruits et légumes,
  - réduire la consommation de sel,
  - augmenter les apports en calcium dans les groupes à risque,
  - lutter contre la carence en fer chez les femmes en situation de pauvreté,
  - améliorer le statut en folates des femmes en âge de procréer,
  - promouvoir l'allaitement maternel ;
- réduire la prévalence des pathologies nutritionnelles,
  - dénutrition, troubles du comportement alimentaire.

Source : www.mangerbouger.fr.

124. Que faire si un enfant ne mange pas ?

Un enfant a besoin de s'alimenter. L'adulte doit donc, sans contraindre l'enfant, être force de proposition pour qu'il s'alimente et que ses besoins énergétiques soient comblés. Il faut savoir que, pour accepter un aliment, un enfant doit dépasser sa crainte créée par le caractère nouveau et inconnu de l'aliment, et se trouver dans un lieu sécurisé où il se sent à l'aise. Il faut parfois que l'enfant se familiarise plus de dix fois avec un aliment. Certains enfants ont besoin de toucher et mastiquer un aliment avant de l'accepter.

L'EAJE n'a pas pour but de modifier les habitudes alimentaires familiales. En revanche, il peut faire découvrir de nouveaux goûts. À table, l'enfant va apprendre à échanger avec les autres enfants et adultes, à se servir, à manger seul. Parfois, certains enfants ne se sentent pas suffisamment à l'aise pour s'alimenter correctement. L'accueil bienveillant et rassurant de l'adulte peut permettre à l'enfant de se sentir rassuré pour manger.

En cas de difficulté, il est important que les parents soient prévenus afin de trouver une solution.

125. Que signifie TIAC ?

Une TIAC (toxi-infection alimentaire collective) se définit comme l'apparition d'au moins deux cas similaires de certains symptômes, en général gastro-intestinaux, dont on peut rapporter la cause à une même origine alimentaire. Les symptômes les plus fréquents sont les diarrhées, les nausées et vomissements, les douleurs abdominales et la fièvre. Elles doivent être déclarées dès leur constatation afin de prendre les mesures sanitaires adaptées qui s'imposent.

Les principaux micro-organismes responsables des TIAC sont les staphylocoques dorés, les salmonelles… Elles sont généralement liées à l'utilisation de matières premières contaminées et/ou au non-respect des températures ou des mesures d'hygiène.

126. Que faut-il faire en cas d'intoxication collective ?

Lorsqu'une TIAC est constatée, il faut alerter le Samu (15) et remplir la déclaration obligatoire délivrée par l'agence régionale de la santé. La hiérarchie doit être prévenue. Il faut conserver les aliments, plats témoins et étiquettes des denrées servies aux précédents repas. Il faut recueillir toutes les informations sur les victimes.

127. Qu'est-ce que la maltraitance ?

La maltraitance désigne tout mauvais traitement infligé à autrui, et présente généralement des conséquences physiques et psychologiques graves sur les victimes. Occasionnelle ou répétée, la maltraitance implique un rapport de pouvoirs entre l'auteur et la victime qui se retrouve en situation de dépendance.
Les formes de maltraitance sont nombreuses :

- les violences physiques ;
- les situations de privation (de nourriture, de soins, d'affection ou d'attention) ;
- les violences psychologiques ;
- les violences sexuelles (viol, agression et atteinte sexuelle, inceste).

La maltraitance est observable dans tous les milieux sociaux, dans le milieu familial ou à l'école, à tout âge… Au sein de la famille, l'enfant peut subir des maltraitances diverses. Les causes sont multiples :

- incapacité des parents dans un cadre éducatif approprié ;
- conflits au sein du couple ;
- situations sociales complexes ;
- problèmes de santé au sein de la famille.

Dans les structures petite enfance et enfance-jeunesse, la maltraitance est également présente. Certains adultes ont des réactions inappropriées (violences, humiliations, moqueries, isolement, etc.).

128. Que doit faire un auxiliaire de puériculture confronté à de la maltraitance ?

En France, la loi du 5 mars 2007 sur la protection de l'enfance prévoit :

- un numéro d'appel unique accessible 24 heures sur 24, le 119 (l'appel peut être anonyme, passé par tout citoyen pour signaler des actes de maltraitance) ;
- la possibilité/l'obligation de signaler toute information préoccupante auprès de la cellule de recueil, de traitement et d'évaluation des situations de danger ou de risques de danger pour les mineurs.

En cas de maltraitance, l'auxiliaire de puériculture a un positionnement particulier. Parce qu'il participe à l'habillage et au déshabillage des enfants, il peut observer facilement certains signes (hématomes, morsures, brûlures, manque d'hygiène…). Il peut également repérer des comportements inhabituels chez les enfants maltraités (repli, isolement, anxiété, agressivité…). Dans ces situations, le professionnel peut/doit, en tant que professionnel ou citoyen :

- informer sa hiérarchie ;
- contacter une personne-ressource ;
- informer le président de conseil départemental, par écrit ;
- appeler le 119.

129. À quoi sert une fiche sanitaire ?

Une fiche sanitaire permet de mieux connaître l'état de santé d'un enfant. En cas d'accident, cette fiche permet aux services hospitaliers d'avoir les informations utiles :
- dates des vaccins ;
- allergies éventuelles ;
- maladies/antécédents ;
- traitements suivis ;
- coordonnées des personnes à contacter.

130. Quelles sont les formalités à accomplir en cas d'accident ?

Tous les incidents et accidents doivent être consignés sur un registre de soins. Il comprend diverses informations : la date, l'heure, l'identité de l'enfant et du soignant, la nature de la blessure, les soins prodigués, les éventuels témoins. En cas d'urgence, les secours doivent être alertés. Les parents doivent être prévenus, dès que possible.

131. Qui alerter en cas de blessure d'un enfant ?

En cas d'accident grave, il faut suivre le protocole existant, le cas échéant. En l'absence de protocole, il faut alerter le SAMU (Service d'aide médicale d'urgence) en composant le 15. Cet appel permet d'avoir un avis médical.
Les parents doivent être prévenus au plus tôt quand il s'agit de mineurs. En cas de blessure simple, il faut aussi prévenir les parents. Cela peut être fait après le soin ou lorsque le parent récupère son enfant. Si l'enfant n'est pas récupéré par l'un des parents à l'heure de fin, il faut s'assurer de la transmission du message afin que les parents puissent avoir l'information.

132. Quels éléments doit comprendre une trousse de secours ?

Le contenu d'une trousse de secours est assez limité. Elle doit contenir du matériel pour nettoyer les plaies (compresses, eau + savon, antiseptique sur avis médical), un thermomètre.

133. Un auxiliaire de puériculture a-t-il le droit de donner des médicaments ?

Le principe est qu'il est interdit d'administrer des médicaments sans protocole. Le règlement intérieur peut prévoir l'administration de médicaments. Dans ce cas, une ordonnance nominative récente au nom de la personne doit être communiquée à la structure.

ATTENTION

Une simple demande, même écrite des parents, ne suffit pas. Les prises régulières de médicaments doivent être consignées dans le cadre d'un PAI.

134. En quoi consiste un PAI ?

Un PAI est un projet d'accueil individualisé. Ce projet mis en place en raison d'un trouble de santé invalidant nécessite un aménagement. Les aménagements sont engagés à la demande de la famille.

Diverses maladies peuvent être prises en compte dans le cadre d'un PAI :

- allergies et intolérances alimentaires ;
- affections chroniques (osseuses, cardiaques, respiratoires) ;
- asthme ;
- déficience immunitaire ;
- épilepsie ;
- myopathie, mucoviscidose, etc.

Le document mentionne toutes les mesures utiles (signes, gestes à réaliser…). Le protocole doit être actualisé en cas de changement de situation. Le PAI s'impose à tous. Dans l'intérêt de l'enfant, il est primordial qu'il soit communiqué à tous les acteurs susceptibles de s'occuper de l'enfant. Les membres de la communauté éducative y ont accès afin d'accueillir l'enfant dans les conditions optimales et de gérer les situations d'urgence. La confidentialité s'impose à tous les membres de la communauté éducative.

135. Quelles sont les allergies les plus courantes ?

Le nombre de personnes allergiques ou intolérantes à certaines substances est en perpétuelle hausse. Les allergies et intolérances les plus courantes sont les suivantes :

- arachides et fruits à coque (noix, noisettes, huiles, pistaches, etc.) ;
- protéines de lait de vache (lait, sauce béchamel, flan, beurre, crème fraîche, etc.) ;
- œufs (flans, plats cuisinés, viennoiseries, etc.) ;
- produits de la mer (poissons, crustacés, coquillages, etc.) ;
- gluten (farine, pain, pâtes, pâtisseries, etc.).

Un projet d'accueil individualisé peut être mis en place en cas d'allergie nécessitant des soins. Dans le cadre d'allergies ou d'intolérances, diverses mesures doivent être prises :

- élimination de la substance à laquelle l'enfant est allergique ;
- remplacement de l'aliment.

La famille peut, dans certains cas, être amenée à fournir le repas à l'enfant pour éviter qu'il ne soit en contact avec les substances allergènes.

136. Que faire en cas d'hyperthermie ?

En cas d'hyperthermie (fièvre), un protocole permet généralement de délivrer des médicaments. Ils doivent prévenir les parents de l'enfant dès que possible. En cas d'urgence, ils doivent appeler les services de secours. L'auxiliaire de puériculture peut emmener l'enfant dans un lieu frais et le dévêtir légèrement.

137. Que faire face à une brûlure ?

Une brûlure se traduit par une rougeur, des cloques, un aspect noirâtre ou blanchâtre. Différents types de brûlures peuvent exister :

- brûlures thermiques ;
- brûlures chimiques ;
- brûlures électriques ;
- brûlures par ingestion ou inhalation.

Face à une brûlure thermique, il faut arroser à l'eau tempérée, courante et à faible pression pour refroidir.
Face à une brûlure chimique, il faut arroser à l'eau tempérée, courante et à faible pression pour rincer.
Face à une brûlure électrique, il faut arroser la zone visiblement brûlée et parler à la victime pour la rassurer et surveiller son état de conscience.
Face à une brûlure par ingestion ou inhalation, il faut mettre la victime dans une position confortable (assise) et ne pas lui donner à boire ni la faire vomir.
Face à une brûlure sans gravité, le temps d'arrosage peut être prolongé pour soulager la victime.
Face à une brûlure grave (étendue, profondeur, chimique, électrique, par ingestion ou inhalation), il faut alerter les secours. Ces derniers détermineront le temps d'arrosage.

> **RAPPEL**
>
> **Les agents ne sont pas autorisés à administrer des médicaments, sauf si un protocole le prévoit. La victime pourrait en effet y être allergique.**

138. Que faire en cas de saignement de nez ?

Depuis 2014, face à un saignement de nez, appelé aussi épistaxis, il faut demander à la victime de se moucher vigoureusement (dans la mesure où un enfant sait se moucher), puis il faut comprimer la narine qui saigne pendant 10 minutes. Si le saignement continue après 10 minutes, s'il se reproduit ou s'il est dû à un choc violent sur la tête, il faut alerter les secours.

139. Que faire en cas d'hémorragie ?

Une hémorragie est un saignement abondant qui imbibe un mouchoir en quelques secondes. Après s'être protégé, il faut arrêter le saignement en comprimant l'endroit qui saigne. Ensuite, il faut allonger la victime puis alerter les secours. Si le sauveteur est seul, il faut poser un pansement compressif ou tampon relais.

140. Que faire en cas de plaie ?

En cas de plaie grave, il faut mettre la victime en position d'attente puis alerter les secours. Les types de plaie grave sont nombreux, en fonction de :

- leur localisation (abdomen, thorax, œil, etc.) ;
- leur mécanisme (avec corps étranger, morsure, objet tranchant, etc.) ;
- leur aspect (déchiqueté, etc.).

En cas de plaie simple, il faut se laver les mains, porter des gants, nettoyer la plaie à l'eau et au savon, protéger par un pansement (si nécessaire). L'utilisation d'un antiseptique est normalement soumise à un avis médical.

141. Que faire en cas de malaise ?

Les signes de malaise sont nombreux : pâleur, sueurs, douleur intense au ventre, à la poitrine ou à la tête, difficultés respiratoires, difficultés de langage ou de compréhension, troubles de la vision, soif, instabilité à la marche ou chutes inexpliquées. Il faut mettre la victime au repos, lui poser des questions (c'est donc assez difficile avec de jeunes enfants), alerter les secours, la rassurer.

Les enfants sont rarement victimes de malaise, mais cela peut arriver. Il faut donc rester vigilant et être attentif à des signes qui traduiraient un trouble du fonctionnement de l'organisme.

142. Que faire en cas de convulsions d'un enfant ?

Pendant les convulsions, il faut s'assurer que l'enfant ne se blesse pas en écartant tous les objets autour de lui. Il faut alerter les secours. Après les convulsions, il faut procéder à l'examen de la victime et adopter la conduite à tenir :

- la mettre au repos et la rassurer si elle est consciente ;
- la mettre en PLS (position latérale de sécurité) si elle est inconsciente et respire ;
- pratiquer la réanimation cardiopulmonaire si elle est inconsciente et ne respire pas.

143. Que faire face à une victime inconsciente qui respire ?

Afin de faciliter les écoulements vers l'extérieur et éviter l'étouffement, il faut mettre la victime en PLS, sur le côté.

144. Que faire face à une victime inconsciente qui ne respire pas ?

Il s'agit de la situation la plus grave. Face à un arrêt cardiaque, il faut :

- alerter les secours médicalisés le plus rapidement possible ;
- pratiquer une réanimation cardio-pulmonaire en exerçant 30 compressions thoraciques au centre de la poitrine 100 à 120 fois par minute, puis réaliser deux insufflations ;
- poser un défibrillateur automatisé externe dès que possible en suivant ses indications ;
- alterner ces gestes jusqu'à l'arrivée des secours.

145. Que faire pour éviter la déshydratation ?

La déshydratation se manifeste lorsque les pertes en eau sont supérieures aux apports (boisson, alimentation). Les signes de la déshydratation sont divers (diminution du volume des urines, couleur foncée des urines, augmentation du rythme cardiaque, langue sèche, fièvre et parfois troubles du comportement ou troubles de la conscience).

Le coup de chaleur, la fièvre, la diarrhée ou les vomissements peuvent être à l'origine d'une déshydratation. Les sujets les plus exposés sont les enfants et les seniors qui éprouvent moins la sensation de soif et risquent donc de ne pas boire suffisamment. Il faut donc penser à proposer de petites quantités de liquide régulièrement au jeune enfant.

146. Comment prévenir les accidents domestiques ?

Les accidents domestiques sont fréquents chez les jeunes enfants. Le jeune enfant n'a pas conscience des dangers. Il convient donc de lui expliquer, avec des mots simples et adaptés, les dangers du monde qui l'entoure, d'une part, et de ne pas le laisser sans surveillance, d'autre part.

Les conseils pour éviter les accidents sont nombreux. On peut citer :

- surveiller la température de l'eau ;
- mettre hors de portée des enfants les objets et produits dangereux ;
- positionner les casseroles, poêles hors de portée des enfants ;
- respecter les âges des enfants pour les jouets afin d'éviter le risque d'étouffement ;
- faire porter les équipements de protection lors d'une activité à risque (casque, etc.) ;
- respecter les consignes de sécurité (matériel électrique, port de la ceinture de sécurité, sécurisation des lieux de baignade, etc.).

147. Quels sont les diplômes permettant de prodiguer des soins ?

Tout citoyen a une obligation d'assistance à personne en danger en vertu du Code pénal. Tout citoyen a donc obligation d'alerter les secours en cas d'urgence. Certains diplômes permettant d'apprendre les gestes de premiers secours.

Le PSC1 (Prévention et secours civiques de niveau 1) est un certificat délivré par le ministère de l'Intérieur. Il s'agit d'une formation grand public de sept heures minimum. Aucun prérequis n'est exigé (10 ans minimum). Le PSC1 est délivré par les associations de

sécurité civile aux participants ayant assisté à l'ensemble de la formation et n'ayant pas refusé d'effectuer les gestes. Cette formation n'est pas soumise à recyclage obligatoire, mais cela est vivement conseillé.
Le SST (Sauveteur secouriste du travail) est un certificat délivré par les organismes habilités par l'INRS (Institut national de recherche et de sécurité pour la prévention des accidents du travail et des maladies professionnelles). Il s'agit d'une formation de quatorze heures minimum. Aucun prérequis n'est exigé. Le certificat SST est délivré aux participants ayant satisfait aux épreuves certificatives (mise en situation + questions). Il comprend une partie prévention et une partie gestes de secours. Cette formation est soumise à recyclage obligatoire tous les 24 mois.

148. Quels sont les différents groupes d'aliments ?

Dans notre alimentation, on trouve plusieurs familles d'aliments (il en existe sept) qui présentent des apports nutritionnels spécifiques. Pour une alimentation saine, il ne faut pas abuser de certaines familles.

- **La famille des produits céréaliers et féculents** : pâtes, lentilles, riz, céréales et tubercules sont riches en glucides, fibres, protéines, vitamines B et minéraux. Contrairement aux idées reçues, ce ne sont pas des aliments qui favorisent la prise de poids. Leur consommation apporte une sensation de satiété qui aide à tenir entre les repas. Il est conseillé de consommer au moins cinq portions par jour à chaque repas et selon l'appétit. Riches en fibres, les céréales régulent le transit et aident au bon fonctionnement de l'intestin.
- **La famille des fruits et légumes** : frais, surgelés ou en conserve, les fruits et les légumes apportent des vitamines et de nombreux minéraux, des fibres et de l'eau. Ce sont les seuls aliments à contenir de la vitamine C. Bons pour la santé, les fruits et légumes sont aussi bénéfiques pour le transit.
- **La famille des produits laitiers** : sources principales de calcium et riches en protéines de bonne qualité, le lait et les produits laitiers sont des aliments incontournables. Ce sont des aliments fragiles qu'il faut conserver à basse température. Ils offrent des saveurs riches et variées que l'on prend plaisir à déguster.
- **La famille des viandes, poissons et œufs** : ces aliments nous apportent des protéines d'excellente qualité nutritionnelle. La viande, les œufs et le poisson sont indispensables à la construction des tissus musculaires. Il est conseillé de consommer de la viande ou des œufs, une à deux fois par jour. Pour le poisson, il est recommandé d'en consommer deux fois dans la semaine.
- **La famille des matières grasses** : il existe dans notre alimentation de nombreuses sources de matières grasses : beurre, crème, huile... Ces lipides sont indispensables au fonctionnement de notre organisme. Il faut privilégier des huiles contenant des acides gras insaturés qui font baisser le taux de cholestérol.
- **La famille des sucres** : le sucre est l'aliment qui constitue l'apport énergétique le plus important de la journée. Fabriqués à partir de sirop de sucre, de crème ou d'huile, les produits sucrés apportent du plaisir et une satisfaction rapide. Cependant, consommée

de façon excessive, cette famille d'aliments entraînerait facilement la prise de poids et participerait au développement des caries.
- **L'eau** : l'eau est certainement l'élément le plus indispensable de notre organisme. Elle représente entre 70 et 80 % du poids de notre corps. Il est conseillé de boire 1,5 litre par jour afin de renouveler l'eau de notre organisme.

149. Que doit comprendre un menu équilibré pour un enfant âgé de 3 à 6 ans ?

De 3 à 6 ans, quatre repas quotidiens sont recommandés.
Le petit-déjeuner est particulièrement important chez les jeunes enfants qui ont peu de réserves énergétiques.
Un petit-déjeuner équilibré peut comprendre :
- 50 à 60 g de pain tartiné de beurre ou 40 à 50 g de céréales ;
- 150 ml de lait ;
- un fruit.

Un déjeuner équilibré peut être composé de :
- 50 g de crudités avec une cuillère à café d'huile ;
- 50 g de viande ou de poisson ;
- 100 g de féculents (riz, pâtes, semoule, etc.) ;
- 30 g de fromage ;
- 20 g de pain ;
- un fruit ou une compote.

Un goûter équilibré peut comprendre :
- 30 à 40 g de pain avec 15-20 g de chocolat ou deux cuillères de confiture ou 40 à 50 g de biscuits ;
- un fruit.

Un dîner équilibré peut être composé de :
- crudités ou soupe ;
- 100 g de féculents et 100 g de légumes cuits ;
- un yaourt ;
- un fruit.

150. Quand parle-t-on d'obésité infantile ?

L'obésité correspond à une augmentation excessive de la masse grasse de l'organisme, dans une proportion telle qu'elle peut avoir une influence sur l'état de santé. L'obésité se définit par le dépassement des courbes de corpulence standard. Une définition internationale de l'obésité de l'enfant, basée sur des courbes de corpulence établies à partir de différents pays, est en cours d'élaboration. On mesure l'obésité par un indice appelé indice de masse corporelle (IMC), qui définit un poids au mètre carré corporel. Attention, cet indice n'est utilisé que pour les adultes. Pour les enfants, il existe des modalités de calcul plus complexes, qui sont notamment liées à l'âge et au sexe de l'enfant.

IMC = poids (kg)/taille^2 (en mètres)

L'obésité a des causes multiples, mais elle résulte globalement d'un déséquilibre entre les dépenses énergétiques et la quantité d'apports caloriques. Le rôle des professionnels n'est pas d'intervenir dans les choix alimentaires des parents. Néanmoins, ils peuvent intervenir :

- en encourageant les activités motrices et en limitant les écrans ;
- en proposant à l'enfant des aliments diversifiés et des menus équilibrés.

2 La sécurité des jeunes enfants

Les auxiliaires de puériculture doivent également maîtriser les règles liées à l'hygiène, à la sécurité des locaux ou au transport. En effet, les auxiliaires de puériculture ont une obligation de résultat quant à la sécurité des participants.

1. Les notions d'hygiène

Questions

151. Quels sont les grands principes à respecter lors d'un lavage des mains ?

152. Quels sont les principes majeurs à respecter en restauration collective ?

153. Que signifient la méthode HACCP et le plan de maîtrise sanitaire ?

154. Que signifie le respect de la chaîne du froid ?

155. Quelles sont les températures à respecter en matière de restauration collective ?

156. Doit-on conserver un plat témoin ? Pourquoi ?

157. Quelles sont les principales règles à respecter pour l'entretien du linge ?

158. Qui est chargé des missions d'inspection des notions d'hygiène ?

Réponses

151. Quels sont les grands principes à respecter lors d'un lavage des mains ?

Les professionnels doivent se laver les mains plusieurs fois par jour, de 30 secondes à une minute, avant de prendre leur service, en sortant des toilettes, après avoir changé un enfant ou l'avoir accompagné aux toilettes, après avoir toussé, éternué, avant de toucher des aliments pour une animation cuisine, etc. Il leur faut utiliser de préférence du savon liquide et une serviette en papier à usage unique, sans bijou ni alliance. Les ongles doivent être coupés, de préférence, sans vernis.

152. Quels sont les principes majeurs à respecter en restauration collective ?

Un moyen mnémotechnique permet de retenir les principes de base. Il s'agit des 5 M : main-d'œuvre, milieu, matériel, matières premières, méthode (plan de nettoyage, règles à respecter, contrôles à réaliser, températures).

Concernant la **main-d'œuvre**, il faut retenir que la tenue, spécifique à la préparation des repas, doit être propre. Elle comprend une blouse de couleur claire, une coiffe englobant la totalité de la chevelure et des chaussures adéquates, réservées pour le travail. Le lavage des mains doit être réalisé régulièrement : avant de commencer à toucher les aliments, après toute opération susceptible de contaminer (épluchage des légumes, manipulation de cartons, nettoyage de la vaisselle, après le passage aux sanitaires). Les règles de circulation du personnel au sein des locaux doivent limiter le croisement des secteurs sales et propres.

Concernant le **milieu** et le **matériel**, il est indispensable que les locaux et le matériel utilisés soient maintenus propres et en état de fonctionnement. Les locaux doivent être régulièrement aérés par un système de ventilation efficace. Un éclairage suffisant et adapté est nécessaire. Des revêtements de sol et surfaces murales faciles à nettoyer sont à privilégier. Afin d'éviter toute contamination, la marche en avant doit être respectée, c'est-à-dire que toute denrée dite propre ne doit pas croiser une denrée dite sale. Aussi, les différents secteurs doivent être séparés en secteurs « sales » (zone de stockage, plonge, légumerie) et en secteurs « propres » (zone de préparation des repas).

Concernant les **matières premières**, les denrées animales ou d'origine animale (viandes, poissons, produits laitiers, œufs, etc.) utilisées pour l'élaboration des repas doivent provenir d'établissements titulaires d'un agrément sanitaire ou d'une dispense d'agrément. Lors du transport des marchandises, le respect de la chaîne du froid est indispensable. Ces marchandises doivent donc être livrées par des fournisseurs disposant de moyens de transport adaptés (camion frigorifique) ou être transportées dans des conteneurs isothermes (par exemple glacières), à condition que la température des aliments à l'arrivée soit respectée. Dans tous les cas, le contrôle de température des matières premières est nécessaire après leur transport pour s'assurer que la chaîne du froid n'a pas été interrompue. Les stocks doivent être gérés de manière à respecter les dates limites de

consommation (DLC) des aliments et de ne pas générer de contaminations. Les températures maximales de conservation des denrées doivent être rigoureusement respectées pour limiter le développement de micro-organismes et d'infections. À réception dans la cuisine, les contrôles et les enregistrements portent sur la température des aliments, la DLC ou la date limite d'utilisation optimale (DLUO), l'état de l'emballage des aliments. Lors du stockage des aliments, les contrôles portent sur la température des réfrigérateurs et des congélateurs : ces chambres froides doivent disposer d'un thermomètre permettant d'effectuer, au minimum une fois par jour, le contrôle et l'enregistrement (dans un cahier par exemple) de la température à laquelle les aliments sont conservés. Des analyses microbiologiques doivent être réalisées sur les produits préparés afin de vérifier que les conditions d'hygiène et de fonctionnement sont satisfaisantes. Au moment du service, les températures des préparations chaudes et froides doivent être contrôlées et notées (dans un cahier par exemple) afin de vérifier que le respect de la chaîne du froid est assuré.
Concernant la **méthode**, le matériel et les équipements utilisés doivent être propres, nettoyés et désinfectés après chaque usage, et surtout après chaque opération susceptible de contaminer, afin d'éviter les contaminations croisées (c'est-à-dire les contaminations des denrées par du matériel sale). Le dosage des produits doit être scrupuleusement respecté. Les excédents de repas ne peuvent pas être resservis. La congélation des denrées est interdite. Au moment du nettoyage, les sacs contenant les déchets doivent être fermés et évacués des locaux de préparation. Ils sont entreposés dans des conteneurs équipés de couvercles. Ces conteneurs sont stockés dans un endroit prévu à cet effet (à l'abri du soleil). Il est interdit de fumer et de manger dans les locaux de préparation et de stockage des aliments. La présence d'animaux domestiques dans les locaux de préparation et de stockage des denrées est interdite.

153. Que signifient la méthode HACCP et le plan de maîtrise sanitaire ?

La méthode HACCP (*Hazard Analysis Critical Control Point* = Analyse des dangers – points critiques pour leur maîtrise) est un système qui permet d'identifier, évaluer et maîtriser les dangers significatifs au regard de la sécurité des aliments. Elle s'appuie sur sept principes :

- principe 1 : procéder à une analyse des dangers ;
- principe 2 : déterminer les points critiques à maîtriser (CCP, point critique contrôle à maîtriser) ;
- principe 3 : fixer le ou les seuils critiques ;
- principe 4 : mettre en place un système de surveillance permettant de maîtriser les CCP ;
- principe 5 : déterminer les mesures correctives à prendre lorsque la surveillance révèle qu'un CCP donné n'est pas maîtrisé ;
- principe 6 : appliquer des procédures de vérification afin de confirmer que le système HACCP fonctionne efficacement ;
- principe 7 : constituer un dossier dans lequel figureront toutes les procédures et tous les relevés concernant ces principes et leur mise en application.

Le plan de maîtrise sanitaire décrit les mesures prises par l'établissement pour assurer l'hygiène et la sécurité sanitaire de ses productions vis-à-vis des dangers biologiques, physiques et chimiques. Il comprend les éléments nécessaires à la mise en place et les preuves de l'application :

- des bonnes pratiques d'hygiène ou prérequis (BPH) ;
- du plan HACCP ;
- de la gestion des produits non conformes (procédure de retrait/rappel) ;
- de la mise en place d'un système de traçabilité.

En résumé, le plan de maîtrise sanitaire est un outil permettant d'atteindre les objectifs de sécurité sanitaire des aliments fixés par la réglementation, notamment celle dite du « Paquet hygiène », particulièrement les règlements européens 178/2002 et 852/2004.

154. Que signifie le respect de la chaîne du froid ?

Respecter la chaîne du froid consiste à maintenir un aliment à une température constante conforme à la réglementation. Le froid limite, voire stoppe, la prolifération de micro-organismes qui peuvent être à l'origine d'intoxications alimentaires. De plus, ce processus permet de garder les aliments sains et de conserver leur goût et leurs qualités nutritionnelles. Ces règles s'appliquent lors de la fabrication, du stockage, du transport et de la distribution.

155. Quelles sont les températures à respecter en matière de restauration collective ?

Tous les acteurs doivent respecter les températures fixées par la réglementation ou, en l'absence de réglementation, celles fixées par le conditionneur, prescrites lors de la fabrication, du stockage, du transport et de la distribution. La date limite de consommation d'un produit, fixée par le fabricant, tient compte de ces températures.

Températures réglementaires en matière de restauration collective	
Denrées surgelées, glaces, crèmes glacées et sorbets	- 18 °C maximum sans limite inférieure
Viandes hachées et préparation de viandes congelées	- 18 °C maximum sans limite inférieure
Produits de la pêche congelés	- 18 °C maximum
Autres denrées congelées	- 12 °C maximum sans limite inférieure
Denrées alimentaires très périssables d'origine végétale	+ 4 °C maximum
Denrées alimentaires périssables	+ 8 °C maximum
Viandes hachées et viandes séparées mécaniquement	+ 2 °C maximum

Abats d'ongulés domestiques et de gibier ongulé (d'élevage ou sauvage)	+ 3 °C maximum
Préparations de viandes, viandes de volaille (y compris petit gibier), de lagomorphes, ovoproduits, lait cru destiné à la consommation en l'état	+ 4 °C maximum
Viandes d'ongulés domestiques, viandes de gibier ongulé (d'élevage ou sauvage)	+ 7 °C maximum pour les carcasses entières et pièces de gros + 4 °C maximum pour les morceaux de découpe
Repas élaborés à l'avance en liaison froide	+ 3 °C maximum
Plats cuisinés ou repas remis ou livrés chauds au consommateur	+ 63 °C minimum

156. Doit-on conserver un plat témoin ? Pourquoi ?

Afin de déterminer l'origine d'une intoxication alimentaire, il est indispensable de pouvoir identifier l'origine du problème. Les étiquettes des produits utilisés pour la préparation des repas doivent être conservées pendant une période de 15 jours minimum afin d'être récupérées par les services vétérinaires si besoin. Des repas témoins doivent être conservés : il s'agit d'une portion de 100 g minimum, représentative de chaque plat servi. Ces repas témoins doivent être conservés pendant au moins cinq jours au froid afin d'être récupérés et analysés par les services vétérinaires en cas de toxi-infection alimentaire collective.

157. Quelles sont les principales règles à respecter pour l'entretien du linge ?

La mission d'entretien du linge n'est pas une mission essentielle de l'auxiliaire de puériculture. Néanmoins, il est chargé de veiller aux conditions d'hygiène. Il doit donc vérifier que le linge utilisé soit propre. Il doit assurer ou faire assurer l'entretien des draps des couchages de la sieste, etc. Sa mission est d'autant plus importante en cas de maladie contagieuse.

158. Qui est chargé des missions d'inspection des notions d'hygiène ?

La PMI veille au respect de la sécurité et de l'hygiène dans les structures. Elle peut demander des justificatifs sur le respect des normes d'hygiène (enregistrement des températures, traçabilité des denrées, hygiène des locaux, du personnel, sécurité et organisation, etc.).

2. La réglementation relative aux locaux

Questions

159. Quelles sont les normes à respecter en matière d'issues de secours ?

160. En quoi consiste la commission de sécurité ?

161. Doit-on organiser des exercices incendie ?

162. Quelles sont les précautions en cas d'activation du plan Vigipirate ?

163. Comment assurer la sécurité en cas d'incendie ?

164. Qu'appelle-t-on des EPI ?

165. Quelles sont les règles à respecter en matière d'aires de jeux ?

Réponses

159. Quelles sont les normes à respecter en matière d'issues de secours ?

Les établissements recevant du public (ERP) sont soumis à des obligations en matière de sécurité, de lutte contre l'incendie et d'accessibilité. Les ERP sont soumis à des règles de prévention, les locaux doivent être construits de manière à permettre l'évacuation rapide et sécurisée des occupants. Le nombre d'issues de secours varie en fonction du nombre d'occupants.

Il existe des règles concernant les caractéristiques des matériaux de construction, la disposition des locaux, l'éclairage, le stockage de produits, les ascenseurs, le système de chauffage, la mise en place d'extincteurs, les blocs portes, les sens d'ouverture des issues, etc. Les ERP ont l'obligation de tenir un registre de sécurité qui indique notamment les vérifications techniques, les formations suivies par le personnel, les travaux réalisés.

160. En quoi consiste la commission de sécurité ?

Une commission de sécurité est chargée de contrôler le respect des mesures de sécurité incendie préconisées pour tous les ERP. Ces ERP répondent à deux critères :

- par type, selon l'activité menée à l'intérieur du bâtiment : salles de spectacles, magasins, hôtels, musées, etc. ;
- par catégorie, en fonction de l'effectif pouvant être accueilli.

La périodicité des visites est donc liée au type et à la catégorie de l'établissement. Des visites ont lieu à l'ouverture, à la réouverture (après travaux, par exemple), selon la périodicité ou de manière inopinée. La commission de sécurité est composée :

- du maire ou de son représentant (un adjoint délégué) ;
- d'un représentant des sapeurs-pompiers ;
- d'un membre de la police nationale ou gendarmerie nationale ;
- d'un représentant des services déconcentrés.

Après la visite de sécurité, la commission émet un avis sous la forme d'un procès-verbal. L'avis de la commission est uniquement consultatif.

161. Doit-on organiser des exercices incendie ?

La prévention est importante en matière d'incendie. Plus les usagers seront entraînés, mieux ils pourront réagir, en cas de problème. C'est pour cette raison qu'il faut organiser des exercices incendie. Il est fortement conseillé de :

- ne pas avertir les participants en amont (pour organiser l'exercice dans les conditions les plus proches de la réalité) ;
- choisir les moments les plus sensibles pour organiser l'exercice (même s'il n'est pas agréable d'organiser un exercice pendant la sieste, cela permet de voir comment réagir pendant ce temps délicat).

Selon le type de bâtiment, la fréquence des exercices est différente.

162. Quelles sont les précautions en cas d'activation du plan Vigipirate ?

Les précautions à prendre en cas d'activation du plan Vigipirate sont variables sur le territoire, en fonction des risques. Il est demandé à chacun de prendre connaissance des consignes et de les respecter afin d'améliorer le niveau de sécurité.

Les principales consignes sont les suivantes :

- assurer l'accueil à l'entrée des structures ;
- vérifier l'identité des personnes étrangères à la structure ;
- réaliser des exercices de sécurité ;
- signaler toutes les personnes étrangères au service ou tout comportement suspect.

163. Comment assurer la sécurité en cas d'incendie ?

Il faut, avant tout, préciser que la sécurité incendie repose sur la prévention. En effet, un personnel préparé à une évacuation pourra facilement réagir en cas d'incendie. Tout d'abord, les adultes doivent régulièrement vérifier la conformité des locaux en veillant à connaître les locaux (issues de secours, point de rassemblement...) et ne pas obstruer les issues de secours. Pour information, les locaux font l'objet de visites de la commission de sécurité. La périodicité des visites dépend du type d'établissement et de sa catégorie.

Les responsables de structure veillent à la maintenance des divers équipements : alerte incendie, éclairage de sécurité des blocs de secours, vérification des extincteurs et des portes coupe-feu, affichage des consignes de sécurité et d'évacuation.
Afin de limiter le risque d'incendie et pour la santé de tous, il est interdit de fumer dans les établissements publics. En cas d'incendie, les adultes doivent compter les occupants et les orienter vers le point de rassemblement préalablement identifié. Un appel doit ensuite être réalisé. Des exercices réguliers doivent être organisés.

164. Qu'appelle-t-on des EPI ?

Les EPI sont les équipements de protection individuelle. Il peut s'agir notamment de gants, masques, chaussures de sécurité, etc. Les EPI mis à la disposition des agents doivent être portés.
D'autres règles de sécurité doivent être respectées, comme le respect des dosages pour nettoyer une surface ou l'utilisation du produit permettant un contact alimentaire. En structure petite enfance, les produits doivent respecter cette caractéristique, car les jeunes enfants portent tout à la bouche.
Les techniques de nettoyage doivent être strictement respectées. On peut citer la méthode Faubert ou technique des deux seaux. L'utilisation des balais classiques et aspirateurs est à éviter.

165. Quelles sont les règles à respecter en matière d'aires de jeux ?

Depuis le 1er janvier 1995, les équipements installés doivent être accompagnés d'informations obligatoires. Certaines prennent la forme de marquages directement apposés sur l'équipement et sur l'emballage. D'autres informations doivent être fournies dans la notice qui accompagne l'équipement. Une classification permet de connaître la réglementation spécifique à chaque type d'aire de jeux : toboggans, jeux à rotation, balançoires, tourniquets, jeux à translation, dispositifs à grimper, jeux à oscillation, etc. L'équipement doit résister dès sa mise en service et pendant tout le temps où il sera utilisé à toutes les contraintes raisonnablement prévisibles : la fatigue, le vieillissement, la corrosion et l'usure. Le sol doit être également adapté à l'aire de jeux, notamment en cas de chute. Les angles ne doivent pas blesser, les matériaux ne doivent pas être toxiques, les protections doivent être adaptées à la hauteur de chute. Les professionnels doivent veiller à utiliser des aires de jeux adaptées à l'âge des enfants qu'ils encadrent.

3. La réglementation en matière de transport

Question

166. Quelles sont les règles de sécurité à respecter lors d'une sortie ?

Réponse

166. Quelles sont les règles de sécurité à respecter lors d'une sortie ?

Lors d'une sortie, il est indispensable de respecter un certain nombre de règles :
- connaître le trajet ;
- avoir la liste de tous les participants (pendant le trajet et organisateur) ;
- vérifier que les mineurs ont une autorisation parentale ;
- s'assurer que les participants sont équipés (chaussures, casquette, crème solaire, etc.) ;
- vérifier les conditions de sécurité (taux d'encadrement, état du véhicule, dispositifs de sécurité, etc.) ;
- vérifier que les sorties sont prévues dans le contrat d'assurance ;
- s'assurer du nombre de participants régulièrement ;
- s'équiper du matériel nécessaire (trousse de secours, téléphone, eau, etc.).

Lors d'un transport à pied, les adultes doivent se positionner à des endroits stratégiques afin d'assurer la sécurité des enfants. Compte tenu du jeune âge des enfants et de leur méconnaissance du danger, chaque encadrant ayant deux mains, il aura deux enfants maximum.

Les adultes doivent veiller à ce que le trajet soit réalisé dans le calme, sans bousculade. Il faut, bien entendu, privilégier les trottoirs. Des sorties en minibus sont également envisageables. Réglementairement, un minibus n'est pas un véhicule de transport en commun. Ce sont donc les règles applicables aux voitures particulières qui s'appliquent. Chaque personne doit être attachée avec une ceinture de sécurité et disposer d'un dispositif de sécurité adapté à son âge (rehausseur…). Le conducteur doit être titulaire d'un permis B. Certaines compagnies d'assurances ou organisateurs peuvent exiger d'autres conditions (âge, ancienneté de permis, etc.). Les autres modes de transport sont rarement utilisés par les structures petite enfance.

4. Les réglementations diverses

Questions

167. À qui appartient l'autorité parentale ?

168. Quelles sont les personnes autorisées à récupérer un enfant ?

169. Un homme suspect rôde autour de votre structure. Quel est le rôle du professionnel petite enfance ?

170. Peut-on diffuser de la musique ou des films librement ?

171. Peut-on photographier ou filmer librement ?

172. En quoi consiste le droit à l'image ?

173. Peut-on organiser librement une activité sportive ?

174. Peut-on organiser librement une animation intergénérationnelle ?

175. Quelles sont les règles applicables en matière de temps de travail ?

176. Que peut comprendre un règlement intérieur ?

Réponses

167. À qui appartient l'autorité parentale ?

Les parents exercent en commun l'autorité parentale quel que soit leur statut, qu'ils soient mariés ou non, dès lors que la filiation de l'enfant est établie. Seul l'intérêt de l'enfant peut commander une solution différente. Il est important de préciser que la séparation des parents (divorce, fin du concubinage, dissolution du Pacs) est sans incidence sur l'exercice de l'autorité parentale. Elle reste une obligation pour les parents même s'ils ne vivent plus ensemble. Chaque parent doit maintenir des relations personnelles avec l'enfant et respecter les liens de celui-ci avec l'autre parent. Si l'intérêt de l'enfant le commande, le juge aux affaires familiales peut confier l'exercice de l'autorité parentale à un seul parent. L'exercice du droit de visite et d'hébergement ne peut être refusé à l'autre parent que pour des motifs graves.

L'auxiliaire de puériculture doit veiller à accueillir les titulaires de l'autorité parentale de la même manière, notamment s'ils sont séparés, et ne porter aucun jugement, ni faire aucune remarque, sur les situations familiales.

168. Quelles sont les personnes autorisées à récupérer un enfant ?

Les titulaires de l'autorité parentale (généralement les deux parents) doivent indiquer, par écrit, le nom des personnes autorisées à récupérer leur enfant.

169. Un homme suspect rôde autour de votre structure. Quel est le rôle du professionnel petite enfance ?

En cas de suspicion de danger pour un mineur, les adultes doivent agir. L'encadrant doit en référer à sa hiérarchie. Cette dernière se chargera d'alerter les services de sécurité (police ou gendarmerie) afin d'agir. Des notes d'information peuvent alerter les parents afin de veiller à la sécurité de chacun.

170. Peut-on diffuser de la musique ou des films librement ?

La diffusion de musiques ou de films est soumise à autorisation et au paiement de droits. La SACEM (Société des auteurs-compositeurs et éditeurs de musique) est chargée du recueil des autorisations et des encaissements pour toute manifestation (concert, kermesse, thé dansant, spectacle, etc.).

171. Peut-on photographier ou filmer librement ?

En vertu du droit à l'image détenu par chaque personne, un diffuseur de photographies ou de films doit obtenir l'accord écrit de la personne en précisant certains renseignements (tels que la date et le lieu). L'usage du support est accordé pour une utilisation précise. Cela signifie que l'auteur ne doit pas aller au-delà de cette autorisation. Le consentement à être photographié ne signifie pas, par exemple, l'autorisation de diffuser l'image sur Internet.

172. En quoi consiste le droit à l'image ?

Le droit à l'image permet à toute personne d'avoir un droit sur l'utilisation de son image et de s'opposer à sa conservation ou à sa diffusion publique sans autorisation, sauf cas particulier. Si ce droit n'est pas respecté, toute personne peut obtenir réparation du préjudice auprès des tribunaux.

173. Peut-on organiser librement une activité sportive ?

Les activités sportives sont soumises à des réglementations spécifiques. On parle d'ailleurs plutôt d'activités motrices chez les jeunes enfants. L'auxiliaire de puériculture doit adapter son activité à l'âge et au développement de chaque enfant pour assurer sa sécurité.

174. Peut-on organiser librement une animation intergénérationnelle ?

Pour la première fois dans le monde, cinq générations cohabitent. Il n'y a pas de règle particulière à respecter lors d'animations intergénérationnelles. Il convient néanmoins de s'interroger sur l'intérêt de mener une activité. En effet, une activité intergénérationnelle doit être bien choisie. Les intérêts sont multiples :

- favoriser les échanges et les liens ;
- sociabiliser les jeunes enfants ;
- stimuler le fonctionnement de la mémoire et les émotions positives ;
- transmettre son vécu, son histoire ;
- permettre aux jeunes de se construire leur identité ;
- diversifier les relations pour augmenter la tolérance.

Une animation intergénérationnelle réussie doit répondre à plusieurs critères :

- simplicité de l'action ;
- plaire à tous ;
- accessibilité ;
- rapidité.

Il est indispensable de prévenir les publics du caractère intergénérationnel de l'activité. En effet, certains participants peuvent décider de ne pas intégrer ce concept.

175. Quelles sont les règles applicables en matière de temps de travail ?

Les auxiliaires de puériculture sont soumis aux règles de droit commun du Code du travail, à savoir :

- 10 heures maximum de travail par jour ;
- 12 heures maximum d'amplitude de travail par jour ;
- 11 heures de repos minimum par jour ;
- repos en principe le dimanche ;
- 48 heures maximum de travail par semaine ;
- 44 heures maximum de travail par semaine (sur 12 semaines consécutives) ;
- 35 heures de repos minimum entre deux cycles de travail.

Certaines dérogations peuvent être accordées après respect d'une procédure. Dans la fonction publique, certaines collectivités dérogent à ces principes, de manière exceptionnelle, après accord de l'organe exécutif et avis du comité technique.

176. Que peut comprendre un règlement intérieur ?

Le règlement intérieur d'une structure permet à tous d'être informés des règles applicables. Il peut indiquer :

- les modalités d'inscription, d'annulation ;
- les horaires ;

- la procédure à respecter en cas d'absence ;
- les tarifs ;
- la procédure en cas de blessure ;
- les objets interdits ;
- les sanctions en cas de non-respect ;
- les règles de vie.

Il est important de bien rédiger le règlement intérieur afin de limiter les risques. Par exemple, il est conseillé d'y inscrire les horaires d'ouverture afin de se couvrir en cas de retard, etc.

PARTIE IV

Cas pratiques

24 questions

Lors de concours, les membres du jury vont tenter de tester, dans un temps limité, les compétences techniques des candidats. Proposer des cas pratiques est une façon d'analyser la manière d'agir des candidats. Ces derniers doivent veiller à bien écouter les questions, notamment le cadre proposé par les membres du jury (taille de la collectivité, milieu rural ou urbain, etc.) afin de proposer des solutions adaptées à la question posée.

1 Mises en situation

Questions

177. Il est 17 h 30. Le petit Léo doit être récupéré par un proche. Quelles sont les personnes pouvant récupérer l'enfant ?

178. Il est 7 h 30. Un parent vient vous confier son enfant. Ce dernier pleure beaucoup et reste accroché à la jambe de son parent. Que faites-vous pour faciliter la séparation ?

179. Un parent vous demande d'administrer un médicament à son jeune enfant qui présente les mêmes symptômes que son grand frère. Que faites-vous ?

180. Une future maman se présente dans la structure. Elle demande à visiter l'établissement. Que lui répondez-vous ?

181. Un enfant pleure beaucoup. Que faites-vous ?

182. Que faire si un enfant ingère une perle ou de la peinture ?

183. Vous êtes chargé de coordonner un événement festif autour des droits de l'enfant. On vous demande de proposer un projet destiné aux 0-6 ans. Que proposeriez-vous ?

184. Afin de faciliter l'accueil des tout-petits à la rentrée scolaire, vous coorganisez une journée passerelle entre la structure et l'école et/ou l'accueil de loisirs pour les parents accompagnés de leurs enfants de moins de 3 ans. Décrivez votre préparation.

185. Un parent visiblement très alcoolisé vient récupérer son enfant dans la structure. Comment réagissez-vous ?

186. Un parent d'enfant mordu vient vous demander des explications. Que faites-vous ?

187. En quoi consiste la motricité libre ?

188. Vous êtes chargé d'organiser une sortie à la bibliothèque, située à 700 mètres de la structure. Que devez-vous préparer ?

Réponses

177. Il est 17 h 30. Le petit Léo doit être récupéré par un proche. Quelles sont les personnes pouvant récupérer l'enfant ?

Les personnes aptes à récupérer l'enfant sont, tout d'abord, les détenteurs de l'autorité parentale, généralement, les parents. Ensuite, les détenteurs de l'autorité parentale ont pu indiquer, dans le dossier de l'enfant, des personnes qu'elles jugeaient capables de récupérer leur enfant (tante, voisin, grands-parents, ami, etc.).
La plupart des structures exigent que les personnes figurant sur la liste soient majeures. L'auxiliaire de puériculture devra vérifier l'identité de la personne lors de la transmission de l'enfant.

178. Il est 7 h 30. Un parent vient vous confier son enfant. Ce dernier pleure beaucoup et reste accroché à la jambe de son parent. Que faites-vous pour faciliter la séparation ?

Le moment de la séparation peut être délicat pour certains enfants – et certains parents, d'ailleurs. La mission d'accueil de l'auxiliaire de puériculture est donc très importante. Il faut rassurer la famille, expliquer au parent que le moment de la séparation ne doit pas s'éterniser. L'auxiliaire veillera à ce que l'enfant soit accueilli dans des conditions optimales (doudou, etc.) et proposera au jeune enfant une activité qui lui plaît (pour détourner un peu son attention).

> **À SAVOIR**
>
> On parle souvent d'enfant éponge et de mimétisme de l'enfant. Plus le parent sera confiant, plus l'enfant le sera également.

179. Un parent vous demande d'administrer un médicament à son jeune enfant qui présente les mêmes symptômes que son grand frère. Que faites-vous ?

L'administration d'un médicament n'est pas un geste anodin. L'auxiliaire de puériculture doit suivre les protocoles de la structure. Dans tous les cas, une ordonnance doit être nominative et récente. Par conséquent, l'auxiliaire n'a pas vocation à donner le médicament d'un autre enfant. De même, une autorisation écrite d'un parent ne remplace pas une ordonnance. En cas de difficulté, l'auxiliaire doit orienter le parent vers la hiérarchie.

180. Une future maman se présente dans la structure. Elle demande à visiter l'établissement. Que lui répondez-vous ?

Les futurs parents ont besoin de se sentir rassurés pour savoir dans quelles conditions leur enfant va être accueilli (lieux de vie, sommeil, activités proposées, déroulement du repas, etc.). La visite de la structure est un moment important. Selon l'organisation, cette visite peut être réalisée par la direction ou déléguée à un professionnel, notamment un auxiliaire de puériculture. Le moment de la visite doit être judicieusement choisi. En effet, certaines structures ont des listes d'attente importantes. Par conséquent, il n'est pas toujours utile de faire visiter la structure trop tôt.

181. Un enfant pleure beaucoup. Que faites-vous ?

Les jeunes enfants n'ont pas acquis le langage. Ils s'expriment donc généralement par des pleurs. Ces derniers peuvent véhiculer diverses informations ou besoins (faim, propreté, attention, fièvre, etc.). La solution devra donc être adaptée au besoin non comblé. Cela ne servirait à rien de proposer un biberon à un enfant qui pleure car il faudrait lui changer la couche.

Si un enfant pleure davantage que d'habitude, l'auxiliaire de puériculture doit essayer de repérer le besoin non comblé. Si la situation perdure, il doit en référer à la hiérarchie et en parler aux collègues pour essayer de trouver une solution. Les parents devront également être informés lors des transmissions.

182. Que faire si un enfant ingère une perle ou de la peinture ?

Dans leur développement, les jeunes enfants ont tendance à tout porter à la bouche. C'est pour cette raison que certains jouets sont déconseillés, voire interdits aux enfants de moins de 3 ans : ils comportent de petites pièces. Il est également recommandé d'utiliser des peintures qui ne représentent pas un risque toxique.

Si, malgré toutes les mesures de prévention et de surveillance, un enfant venait à ingérer de la peinture ou une perle, il faut, tout d'abord, garder son calme pour ne pas transmettre le stress au jeune enfant. Si l'enfant s'étouffe, il faut adapter sa conduite. En cas d'urgence, il faut alerter la hiérarchie, les secours, puis les parents.

183. Vous êtes chargé de coordonner un événement festif autour des droits de l'enfant. On vous demande de proposer un projet destiné aux 0-6 ans. Que proposeriez-vous ?

> **REMARQUE**
>
> Il n'y a pas de réponse type à cette question.

La réponse du candidat doit montrer que son projet prend en compte :
- la tranche d'âge petite enfance en proposant des activités adaptées et variées ;
- le budget alloué (il veillera à formuler cette contrainte) ;
- les moyens humains et matériels.

Face à la diversité des propositions envisageables, le candidat doit essayer de montrer sa connaissance du milieu en proposant de la motricité, des ateliers créatifs spécifiques, des jeux symboliques, de la découverte sonore, de l'imaginaire, éventuellement un spectacle, etc. Le candidat ne doit pas se contenter de propositions festives. Dans sa réponse, il doit veiller à mettre en avant des actions en rapport avec les droits de l'enfant. Par exemple, il peut citer une action autour de la Convention internationale des droits de l'enfant (CIDE).

184. Afin de faciliter l'accueil des tout-petits à la rentrée scolaire, vous coorganisez une journée passerelle entre la structure et l'école et/ou l'accueil de loisirs pour les parents accompagnés de leurs enfants de moins de 3 ans. Décrivez votre préparation.

Une journée passerelle doit être préparée en amont. Il faut penser que les parents et les enfants ont besoin d'être rassurés. En effet, la première rentrée scolaire d'un enfant est également un événement pour un parent. La communauté éducative devra être sensibilisée pour accueillir les familles avec bienveillance. La communication de cette manifestation devra également être préparée.

185. Un parent visiblement très alcoolisé vient récupérer son enfant dans la structure. Comment réagissez-vous ?

Les personnes chargées de récupérer des mineurs doivent être capables au sens juridique du terme. Le fait qu'il s'agisse du parent, détenteur de l'autorité parentale, ne change rien. Si un professionnel pense qu'un mineur est en danger, il doit tout mettre en œuvre pour veiller à sa sécurité :
- prévenir sa hiérarchie ;
- contacter une autre personne dûment habilitée, en capacité de récupérer l'enfant ;
- contacter la police ou la gendarmerie si besoin.

186. Un parent d'enfant mordu vient vous demander des explications. Que faites-vous ?

En structure petite enfance, les morsures entre enfants sont fréquentes. En effet, le jeune enfant n'a pas encore acquis les subtilités du langage. La morsure constitue donc un mode de communication. Le rôle de l'auxiliaire de puériculture est donc, tout d'abord, de rassurer le parent de l'enfant mordu en lui indiquant que l'enfant a été pris en charge par l'équipe. Il a été soigné et consolé. En aucun cas l'identité de l'enfant mordeur ne doit être révélée, car cela ne fait pas avancer la situation.

187. En quoi consiste la motricité libre ?

Le concept de motricité libre ou spontanée a été inventé par le docteur Emmi Pikler dans les années 1960. Cette pédiatre se base sur le constat que les jeunes enfants ont des capacités/compétences innées. Pour grandir, l'enfant aurait besoin d'espace seul, sans intervention de l'adulte. Dans la pouponnière (Loczy) qu'elle dirige à Budapest, elle développe ce concept. Ses observations démontrent que les jeunes enfants prennent confiance en eux et s'accomplissent.

La motricité libre est de plus en plus proposée par les professionnels de la petite enfance. Dans ce concept, l'enfant a accès à différents espaces de jeux qu'il investit selon ses choix dans un cadre sécurisé. Les espaces sont adaptés en fonction de l'âge des enfants :

- déplacements du tout-petit sur le tapis d'éveil ;
- textures variées pour développer le toucher ;
- pas de position forcée à l'initiative de l'adulte ;
- mise à disposition de jeux pour les plus grands.

Dans la motricité libre, l'encadrant a une place primordiale car il aménage les espaces en toute sécurité, il observe et encourage l'enfant pour favoriser l'autonomie.

188. Vous êtes chargé d'organiser une sortie à la bibliothèque, située à 700 mètres de la structure. Que devez-vous préparer ?

Les sorties avec de jeunes enfants nécessitent une réelle préparation, même si le lieu de la sortie est très proche de la structure. La liste des actions à réaliser n'est pas exhaustive :

- avoir l'autorisation des parents ;
- avoir l'autorisation de la direction de la structure ;
- vérifier la météo ;
- respecter les taux d'encadrement (un adulte pour deux enfants maximum) ;
- remplir une fiche de sortie (itinéraire, identité des participants) ;
- préparer le nécessaire (changes, repas/collations, eau, tenues vestimentaires adaptées, trousse de secours, numéros d'appel en cas d'urgence, doudous, etc.).

2 Vous et votre métier

Questions

189. Pourquoi avez-vous choisi d'être auxiliaire de puériculture plutôt qu'assistant maternel ?

190. Comment éveiller l'enfant aux différents goûts et lutter contre le gaspillage alimentaire ?

191. Qu'appelle-t-on un bonhomme têtard ?

192. Selon vous, comment accueillir un enfant porteur de handicap dans les meilleures conditions ?

193. Que pouvez-vous dire sur Maria Montessori ?

194. Les structures petite enfance participent-elles à la mixité sociale ?

195. Que pouvez-vous dire de la communication non violente ?

196. Que pouvez-vous dire sur les écrans pour les jeunes enfants ?

197. Chaque jour, les professionnels de la petite enfance accueillent les parents et réalisent des transmissions. Citez trois critères d'une transmission de qualité.

198. Citez trois situations pour lesquelles vous feriez appel à votre hiérarchie.

199. Un parent souhaite intervenir pour proposer une activité au sein de la crèche. Qu'en pensez-vous ?

200. Quelles sont les « activités » que vous préférez proposer aux enfants ? Pourquoi ?

Réponses

189. Pourquoi avez-vous choisi d'être auxiliaire de puériculture plutôt qu'assistant maternel ?

> **REMARQUE**
>
> Il s'agit ici d'une question personnelle.

Il s'agit de répondre avec sincérité. La réponse du candidat devra montrer qu'il/elle sait s'inscrire dans un travail d'équipe, de concertation, et est capable de respecter une hiérarchie. Le candidat devra également montrer son intérêt pour la fonction publique territoriale plutôt qu'hospitalière.

190. Comment éveiller l'enfant aux différents goûts et lutter contre le gaspillage alimentaire ?

L'auxiliaire de puériculture participe activement à l'éveil alimentaire du jeune enfant. Il peut proposer à l'enfant de petites quantités, montrer l'exemple, reproposer plusieurs fois l'aliment, le proposer différemment, raconter une histoire autour de l'aliment, le « mettre en scène ». En favorisant le jeu, le jeune enfant aura davantage de plaisir pour manger.

191. Qu'appelle-t-on un bonhomme têtard ?

Avant l'âge de 3 ans, l'enfant a tendance à gribouiller.
Vers l'âge de 3-4 ans, l'enfant commence à réaliser ses premiers dessins intentionnels : il sait qu'il dessine, même s'il ne sait pas encore ce qu'il dessine. Il fait preuve de plus de précision qu'avant, ainsi il peut effectuer des lignes brisées, reprendre un dessin où il le souhaite et multiplier les détails et les objets qui vont agrémenter son dessin original. À partir de formes simples apparaissent des formes nouvelles et complexes, des croisements répétés et originaux. Sur ses feuilles blanches va bientôt apparaître le « bonhomme » (que les spécialistes appellent « bonhomme têtard »). L'enfant dessine un rond représentant à la fois la tête et le tronc vus de face, et auxquels sont attachés deux bâtons, les jambes et souvent deux autres pour les bras. Les détails apportés à ce bonhomme vont se multiplier au fur et à mesure du développement mental de l'enfant. L'enfant se représente inconsciemment et dévoile la perception qu'il a de son corps et de ses sentiments personnels.

192. Selon vous, comment accueillir un enfant porteur de handicap dans les meilleures conditions ?

Comme chaque enfant, l'enfant porteur de handicap peut avoir accès aux structures (loi du 11 février 2005). Les types de handicap peuvent être très différents et leur prise en charge également. Généralement, la direction propose un entretien individualisé plus complet afin de bien cerner le handicap de l'enfant et de l'accompagner au mieux dans son développement et son éveil. L'idée est de favoriser l'inclusion de l'enfant au sein du groupe : accueillir au mieux l'enfant et favoriser son intégration dans le groupe. Il est également important de faire un point régulier avec les parents.

193. Que pouvez-vous dire sur Maria Montessori ?

Maria Montessori, médecin et pédagogue italienne, a beaucoup observé les enfants à la fin du XIXe et au début du XXe siècles. La pédagogie Montessori vise à forger le jeune être humain dans son intégralité et sur tous les plans : physique, social et spirituel. En effet, la mission première de cette pédagogie est d'aider l'enfant à se construire pleinement, de manière autonome pour devenir un adulte confiant et responsable. Cet adulte doit avoir connaissance du monde et de la vie dans toute sa complexité, dans toute sa fragilité et dans toute sa relation étroite avec chaque être humain. Elle place l'enfant comme acteur de sa propre vie, comme responsable de ses propres gestes et comme un individu qui possède toutes les clés de sa réussite.

La pédagogie Montessori prône la connaissance comme facteur essentiel permettant à chaque individu de vivre libre en harmonie avec lui-même, avec ses pairs et avec son milieu naturel. Les écoles Montessori offrent à chaque élève un enseignement individualisé qui tient compte de son rythme, de ses forces et de ses défis. Pour Maria Montessori, l'individu agit par lui-même pour apprendre parce qu'il est motivé par une curiosité naturelle et par l'amour de la connaissance. Pour Maria, l'important est de cultiver l'envie d'apprendre chez les enfants plutôt que de leur asséner des faits préétablis. Avant de vouloir enseigner quelque chose à un enfant, il faut connaître son développement, son ressenti et la manière dont il reçoit les signaux et *stimuli*. Maria Montessori a identifié cinq étapes de développement chez l'enfant, en fonction de sa tranche d'âge :

- de 0 à 3 ans : l'embryon spirituel ; l'esprit absorbant (inconscient) ;
- de 3 à 6 ans : l'esprit absorbant ; les périodes sensibles ; la normalisation ;
- de 6 à 12 ans : l'enfance ;
- de 12 à 15 ans : la puberté ;
- de 15 à 18 ans : l'adolescence.

Maria Montessori a identifié l'existence d'un esprit absorbant, une capacité particulière propre au jeune enfant. Cet esprit absorbant lui permet de forger sa personnalité en s'inspirant des éléments et des personnes qui l'entourent. Au cours de son évolution, l'enfant passe par des étapes appelées « périodes sensibles ». Il s'agit de moments où il acquiert des connaissances en se mettant en relation avec un aspect particulier de son milieu. Tout naturellement, l'acquisition de connaissances se fait dans l'enthousiasme et la motivation. En mettant à la disposition de l'enfant un environnement adapté, l'adulte l'aide indirectement à acquérir des connaissances. Dans ces périodes sensibles, l'enfant choisira donc des activités en fonction de ses motivations profondes et sera beaucoup plus réceptif aux apprentissages qu'il en tirera. L'un des avantages de ce type d'environnement est qu'il laisse libre cours à l'imagination des enfants et à leurs envies, car tous n'ont pas les mêmes besoins au même moment.

De la naissance à 6 ans environ, l'enfant traverse six périodes sensibles :

- la période sensible du langage (plus ou moins entre 2 mois et 6 ans) ;
- la période sensible de la coordination des mouvements (plus ou moins entre 18 mois et 4 ans) ;
- la période sensible de l'ordre (plus ou moins de la naissance à 6 ans) ;
- la période sensible du raffinement des sens (plus ou moins entre de 18 mois et 5 ans) ;
- la période sensible du comportement social (plus ou moins entre 2,5 ans et 6 ans) ;
- la période sensible des petits objets (très courte période au cours de la 2e année).

Forte de son savoir et de ce qu'elle a appris au travers de ses rencontres avec les pédagogues et les psychologues du monde entier, Maria Montessori a mis en avant le fait qu'un jeune enfant utilise tous ses sens pour apprendre. Toucher, sentir, peser, lécher, secouer… des gestes qui entrent tous dans le processus d'apprentissage. Cette réflexion a permis à Maria Montessori de conclure que le développement intellectuel de l'être humain est lié à celui de nos sens.

Dans la pédagogie Montessori, l'enfant occupe une place clé dans son propre apprentissage, l'adulte n'étant qu'un guide. À ce titre, il n'est pas rare que la pédagogie Montessori soit résumée de la manière suivante : « *Aide-moi à faire seul* », qui est une citation de Maria Montessori. L'idée est de créer un équilibre entre le mental (centre et élément moteur) et les sensations et mouvements (périphérie). L'observation par les membres de l'équipe éducative est très importante.

Source : www.decouvrir-montessori.com.

194. Les structures petite enfance participent-elles à la mixité sociale ?

Les structures petite enfance ont vocation à accueillir tous les enfants. En contrepartie de leur financement, les caisses d'allocations familiales demandent qu'une attention particulière soit portée aux publics fragilisés. Les structures doivent donc faire en sorte d'accueillir des publics fragilisés dans leurs effectifs (familles monoparentales, demandeurs d'emploi, temps partiels, bénéficiaires des minima sociaux, etc.). La politique tarifaire des structures prend en compte le quotient familial et favorise donc les familles à faibles revenus.

195. Que pouvez-vous dire de la communication non violente ?

La communication non violente est, selon son créateur, Marshall B. Rosenberg, « *le langage et les interactions qui renforcent notre aptitude à donner avec bienveillance et à inspirer aux autres le désir d'en faire autant* ». La communication non violente est une démarche fondée sur la prise de conscience de ce qui facilite ou entrave la communication.

196. Que pouvez-vous dire sur les écrans pour les jeunes enfants ?

Les écrans regroupent toutes les sources visuelles (téléphone, tablette, télévision, ordinateur, console). Les enfants apprécient beaucoup les écrans, mais de nombreuses études montrent que les enfants ne devraient pas être devant les écrans avant 2-3 ans (Tisseron). Pour favoriser son développement, le jeune enfant a en effet besoin de contacts avec les autres et de manipuler (ex. : casse-tête, pâte à modeler, bricolage, culbutes, lancer un ballon, regarder des livres). D'ailleurs, les interactions qu'un enfant a avec son environnement et son entourage sont la meilleure source de stimulation pour lui. Plus il passe d'heures devant un écran, moins il passe de temps à interagir avec les autres. De plus, cela peut entraîner un surpoids, par manque d'activité physique, ou nuire au développement (moins d'habiletés motrices). Les écrans peuvent également augmenter des difficultés d'attention, des problèmes de sommeil, une fatigue, des problèmes de vue, etc.

197. Chaque jour, les professionnels de la petite enfance accueillent les parents et réalisent des transmissions. Citez trois critères d'une transmission de qualité.

Les transmissions constituent un moment important de la journée. Les propositions ne sont pas exhaustives :

- le moment de la transmission (il faut que le parent et le professionnel soient disponibles et à l'écoute) ;
- la durée de la transmission (elle ne doit être ni trop courte ni trop longue) ;
- la qualité des informations données (le professionnel doit s'attacher à raconter des moments forts de la journée de l'enfant et sortir du simple : « Il a bien mangé, bien dormi et a fait ses besoins ») ;
- la confidentialité (les informations données à un parent ne doivent pas être entendues par les autres parents).

D'autres critères peuvent également être cités.

198. Citez trois situations pour lesquelles vous feriez appel à votre hiérarchie.

Comme pour la question précédente, les exemples donnés peuvent être multiples. Nous pourrions citer les cas suivants :

- parent alcoolisé venant récupérer son enfant ;
- désaccord entre professionnels sur la mise en œuvre d'un protocole ;
- pleurs importants d'un enfant ;
- traces suspectes sur le corps d'un enfant.

199. Un parent souhaite intervenir pour proposer une activité au sein de la crèche. Qu'en pensez-vous ?

L'implication des parents dans les structures est un point positif. Elle est généralement inscrite dans le projet de l'établissement. Certains parents peuvent par exemple proposer une activité motricité, un atelier d'éveil, ou encore de la musique. Cette décision doit être prise par la direction. L'auxiliaire de puériculture a donc pour mission d'orienter le parent volontaire vers la direction. Celle-ci donnera ou non son accord et les modalités d'intervention (date, horaires, contenu de l'intervention, nombre d'enfants, matériel, responsabilité, etc.). Pendant l'intervention, les professionnels veilleront à la sécurité physique et affective des enfants.

200. Quelles sont les « activités » que vous préférez proposer aux enfants ? Pourquoi ?

> **REMARQUE**
>
> Il s'agit ici d'une question personnelle.

Le jury appréciera la qualité de la réponse (cohérence avec la tranche d'âge, durée de l'activité). Ce n'est pas l'activité en elle-même qui sera évaluée, mais plutôt le « pourquoi ». Le candidat doit être capable d'expliquer les objectifs et intérêts de son activité pour un jeune enfant. N'hésitez pas à montrer le panel de vos talents. Si, lors de votre entretien, vous avez déjà eu l'occasion de parler d'activités motrices, je vous conseille de répondre ici avec d'autres compétences (éveil, peinture, comptines) afin de montrer votre polyvalence.

Conclusion

Cet ouvrage a pour objectif principal de vous aider à préparer l'épreuve orale du concours d'auxiliaire de puériculture principal de 2e classe. La liste des questions n'est pas exhaustive et les candidats peuvent être interrogés sur d'autres thématiques, en rapport avec les missions de la profession. Les réponses ne sont pas des vérités absolues. Certaines réponses de cet ouvrage sont synthétiques, d'autres développées.

Le candidat doit arriver à cerner les attentes du jury sur la longueur de la réponse attendue. Certaines questions posées lors de l'entretien peuvent ressembler à des questions abordées dans cet ouvrage, sans être identiques. Il est donc vivement conseillé aux candidats de bien écouter les questions pour éviter le hors sujet.

Certaines réponses appellent un positionnement de la part du candidat : « Que pensez-vous de… ? » Les questions de ce type ne sont pas abordées dans cet ouvrage, mais les éléments que vous pouvez trouver dans les différentes parties doivent vous permettre d'y répondre, en apportant votre propre perception et argumentation.

Les candidats sont également invités à suivre l'actualité afin de répondre aux éventuelles questions portant sur des sujets récents (ex. : modifications des vaccinations, obligation d'instruction à partir de 3 ans, etc.).

Quelques derniers conseils avant le jour de l'épreuve :

- restez vous-même ;
- soyez humble, mais sachez mettre en valeur vos compétences et votre expérience ;
- illustrez au maximum vos idées afin de transmettre votre motivation.

Bonne chance !

34/38, rue Camille-Pelletan - 92309 Levallois-Perret cedex
Imprimerie Sepec Numérique - 01960 Péronnas - N10807210858
Imprimé en France - 4e trimestre 2021

Service éditorial : Charlotte Debroise, Benjamin Dias Pereira, Laureen Gatien, Deborah Lopez, Myriam Pasek
Conception graphique : Catherine Aubin

Dépôt légal à parution
ISBN 978-2-7590-4782-6

IMPRIM'VERT®

PEFC 10-31-3532 / Certifié PEFC / Ce produit est issu de forêts gérées durablement et de sources contrôlées. / pefc-france.org